一瞬の宇宙

KAGAYA

はじめに

空の宝探し

「空をご覧ください」

これは、わたしがいつも情報発信をするときに添《そ》える言葉です。

空を見上げることは、とても簡単で誰にでもできることですが、忙しい日常ではなかなかできなかったりするものです。けれど、忙しかったりつらかったり、悩んでいたり、ひたむきにがんばっている方にこそ、ほんのひと時でいいから空を見上げてほしいのです。

「空をご覧ください」
はるかな宇宙の姿が見えるから。

わたしたちは夜空を見上げるだけで、地球の外に広がる遠くの星々の世界を見ることができるのです。これは紛《まぎ》れもない宇宙の姿です。夜空は頭上に大きく開かれた、宇宙を見渡す窓なのです。誰もがすでに宇宙の観覧席にいるのです。

「空をご覧ください」
それは今しか見えないから。

太陽、月や星、空の雲は絶えず動いていて、その組み合わせでつくられる光景は、今この一瞬にしか見られない一期《いちご》一会《いちえ》のものです。永遠に続く、二度と同じ繰《く》り返《かえ》しのない宇宙の舞台。名場面の中にはあらかじめ日時がわかっているものもあって、それをみんなで一緒に見られたら素敵だなと思います。

また、偶然すごい場面を見かけたらそれを誰かに知らせたい。遠く離れていても同じ空を見上げることができるから。

「空をご覧ください」
それはわたし自身がいつも空から勇気をもらっているから。

夜空を見上げて大いなる宇宙の姿を見たとき、自分の小ささや弱さを知ると同時に、自分もこの宇宙の一部なのだと思えるようになりました。わたしはつらいとき「この宇宙に生まれてこられたことの幸運に感謝」して、落ち着いて前に進むことができるようになりました。空から勇気をもらっているのです。

空を見上げることをきっかけに広がる世界は果てしなく、人の心を少なからず豊かにすると思います。
わたしが様々な光景を求めて旅するのは、そんな空からの贈り物をみなさんと一緒に楽しみたいからです。この本ではそんな空の宝探しの旅がどんなふうだったか、そこで何に出会ったか、発表している写真にたどり着くまでのことを思いつくまま書いていきます。

一人でも多くの方が、空を見上げるのが好きになることを願って。

KAGAYA

目次

3 想像を超えた何かと出会うとき……93

1 宇宙の中の小さな自分に出会う

すべてが宇宙の一部

夜空を眺《なが》めていると、
大きな宇宙の中の自分に
気がつくことがあります。
すぐそばにある植物、
目の前にある湖、その向こうの森、
そしてはるか先の月や星。
もっと向こうの天の川、
そして目に見えないくらい遠くの銀河。
それらはみな、それぞれのスケールで
周《まわ》りのものと繫《つな》がり、
影響を及ぼしあう宇宙の一員です。
自分はとても小さいけれど、
ちゃんと宇宙の一部として今存在している。
それにふと気づかされる光景は
世界の遠くにあることもあれば、
案外身近にあったりもします。

そんな中でも印象的だった光景に
たどり着くまでの様子を
お話ししていきたいと思います。

ウユニ塩《えん》湖《こ》で星の野原に立つ

～地球の裏側にあった、宇宙に一番近い場所～

天空の鏡

わたしはこれまでの人生で2回、まるで宇宙に行ったかのような体験をしたことがあります。

その一つは南極での皆既日食《かいきにっしょく》中に。もう一つはウユニ塩湖《えんこ》で星空に包まれたときです。

南米にあるウユニ塩湖は「天空の鏡」と呼ばれることがあります。その中程に立つと見渡す限り鏡のような水面が広がり、その水平線まで繋《つな》がる水鏡が丸々空を映す光景はまるで異次元の世界のようです。

水深が数センチメートルか、せいぜい20センチメートルと、どこまで行ってもたいへん浅いので、水鏡の上に立ったり歩いたりすることもできるのです。

この塩湖の中で見た満天の星は、わたしがこれまで見てきた星空の中でも屈指《くっし》のものでした。広さが約１００キロメートル四方もある塩湖の真ん中では、最寄《もよ》りの小さな村からでも数十キロメートルの距離があり、街灯など人工の明かりはほとんど見えなくな

ウユニの町

ります。星はそういった人工の明かりのない自然のままの暗い場所でよく見えるのです。また、この塩湖はアンデス山脈の標高約3700メートルもの高さにあります。標高が高いため空気が薄く、また乾燥しているため、空が澄《す》んでいます。美しい星空を見るための条件が揃《そろ》っている場所なのです。

わたしはこの水鏡が夜空の天の川を映した光景を見たくて出かけることにしました。

実はこのウユニ塩湖、行けばいつでも水鏡があるわけではなく、乾季には水が干上《ひあ》がって水鏡が消えてしまいます。毎年1月から3月の雨季になると雨が降り、水鏡ができるのです。

晴れなければ見えない星空を狙《ねら》って、雨がよく降る雨季に行かなければならないことになり、お天気が少々心配です。2016年1月下旬、念のため現地で5泊できるよう計画をたて、ウユニ塩湖のそばにある小さな町「ウユニ」に宿をとりました。

そんなお天気の心配をよそに、現地に着くと空は見事に晴れ渡っていました。

ガイドをお願いしていたパスカルさんが四輪駆動車で空港に迎えにきてくれていました。会う早々、パスカルさんは申し訳なさそうに言いました。

「雨が降っていません」

例年だと雨季まっただ中の時期にもかかわらず、この年は雨が降らず、毎日晴れ続きだというのです。もしかしてまだ水が全然ないのでしょうか。心配になってパスカルさんに湖の様子を聞いてみました。

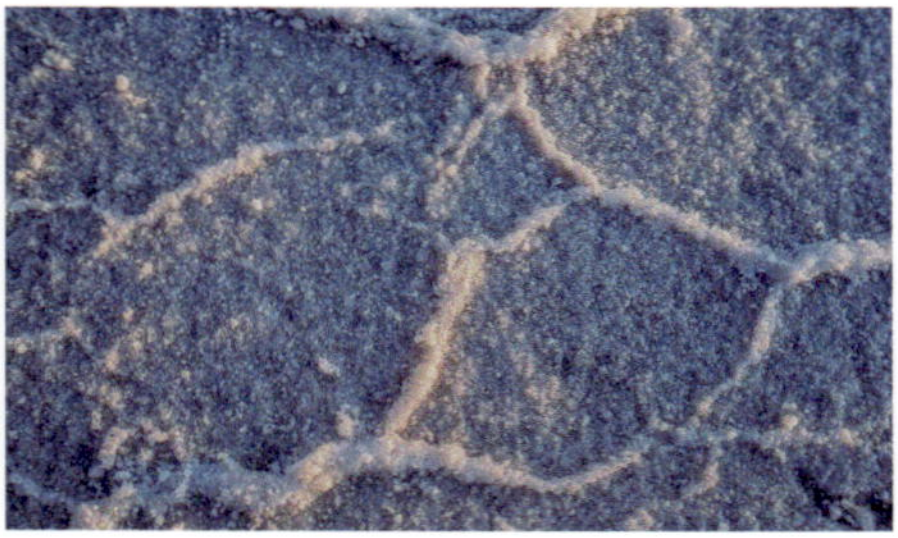

地面は塩

蜃気楼

「水鏡は見られないのですか？」

「わたしたちにはまだ5日間ありますから。その間に雨が降るかもしれないし」

なんと、水鏡を目指してきたのにまだ水がないとは……。

来るまではお天気を心配していたのに、現地では青空を見上げて雨乞《あまご》いをすることになろうとは思いもよりませんでした。

ウユニの宿にチェックインし、すぐに湖まで行ってみることにしました。

小さなウユニの町を出ると、見渡す限りの荒野が続いていました。遠くの山が蜃気楼《しんきろう》で地平線からいくつも浮かんで見え、まるで空に島が浮かんでいるような不思議な光景が広がっています。しばらく走るとバスカルさんがここが湖の入り口だと言いました。ビクーニャというラクダの仲間の動物が何頭かこちらを見ていました。

車は湖のあるはずの場所に入り、走り続けました。地面がだんだん白くなっていき、ついに真っ白に変わったところでバスカルさんは車を止めました。

六角形にひび割れた白い地面が遠く地平線まで広がっています。

バスカルさんが足元の白い粒をひとつまみ自分で舐《な》めてみせ、やってみてと言います。真似《まね》をして舐めてみると、まぎれもない塩でした。

バスカルさんはさっと手際よくテーブルと椅子《いす》を出してお茶を淹《い》れてくれました。

地平線まで真っ白な大地にテーブルと椅子だけがあり、そこでお茶を飲んでいると、それだけでも異世界にやってきたような不思議な気分になりました。

午後の空、相変わらず雨など全く降る気配もなく晴れています。旅の目的、水鏡に映

る天の川の光景がこのままでは見られないのではないかと不安になって、バスカルさんに聞きました。

「わたしは水鏡に映った星が見たくて日本からはるばる来たのです。今夜は晴れそうだし、水鏡が見られる場所はありませんか?」

すると希望の光が射すような答えが返ってきました。

「ここから100キロ走った、塩湖の北辺にあるトゥヌパ火山の近くは水がたまっているところがあるけれど、行ってみますか?」

のぞみがあるのならぜひとも行ってみたい! わたしたちは車に乗り込みました。

乾いたウユニ塩湖の上は思ったより滑《なめ》らかで、車はある程度スピードを出して走ることができました。ウユニ塩湖は、100キロメートル四方の高低差がわずか50センチメートルほどしかないため、世界で最も平らな場所と言われています。その地平線は確かに真っ平らでした。360度地平線が見渡せる真っ白な荒野を疾走《しっそう》し、塩湖の北辺にあるトゥヌパ火山のふもとを目指しました。

ウユニ塩湖の真ん中で星空キャンプ

ウユニ塩湖という名前がよく使われますが、正確にはウユニ塩原と表現されます。そこにあるのは塩でできた荒野で、人工衛星から撮《と》った写真では白く輝く姿がわかります。

どうしてここにこんなに大量の塩があるのでしょうか? 大昔、このあたりは海だっ

たのです。大地が盛り上がって巨大なアンデス山脈ができたとき、海の一部が山の上にすくい上げられてしまいました。そうして天空に持ち上げられた海から水が蒸発し、また雨で周囲の塩が集められたりしながら盆地に平らな塩原ができました。その巨大な塩原に雨季になると雨水がたまり巨大な水鏡が出現するのです。

塩原を疾走する車の進行方向に、クジラの背中のような影が見えてきました。近づくとどんどん大きくなるその影は、塩湖の中央にある島、「インカ・ワシ島」でした。太古の海がアンデス山脈にすくい上げられたとき、一緒に山の上に持ち上げられた、太古のサンゴ礁《しょう》です。

塩原に浮かぶサンゴの化石の島には何メートルもの高さに伸びたサボテンがたくさん生えていました。わたしたちはサンゴの化石の山をよじ登り、島の高台に立ちました。サボテンの林の中で見た見事な夕日は、見慣れた景色とはまるで違う不思議な光景でした。この夕日はここが海だった何千万年も前から景色をゆっくり変えながら何度繰《く》り返《かえ》されたのだろうなどと考え、気が遠くなりました。

インカ・ワシ島の上に星々がきらめき始める頃、西から強い風が吹いてきました。風はどんどん強くなり、ついにはまともに立っていられないほどの強風になりました。パスカルさんは「この強風を避《さ》けるためインカ・ワシ島の風下でキャンプしよう」と言いました。そこならいくらか風をしのげるのでテントも張れそうだと言います。そして「深夜を待ち、風がおさまったら車を走らせてトゥヌパ火山まで行こう」と言いました。

わたしは早く水のあるところまで行きたいとはやる心を抑《おさ》え、バスカルさんの言うとおりにしようと思いました。想像を絶する強風のため予期せぬ事故があってはいけない、と、彼の言葉に従うことにしたのです。

インカ・ワシ島の風下に着くと、バスカルさんは車を止めてキャンプの用意を始めました。あたりはすっかり暗くなっていたので車のヘッドライトを照明にして、手際よく、テントを立てたり、火をおこしたりしてくれました。頭上には満天の星が輝いています。

標高3700メートル。世界で最も平らな場所、南米ウユニ塩湖のど真ん中、満天の星の下のキャンプです。夕食、旅の始まりの乾杯。未明には水鏡のところへ行けそうですし、最高の気分でした。

ふと、バスカルさんが車のボンネットを開けて覗《のぞ》き込《こ》んでいます。

どうしたのか尋《たず》ねると、なんと車のバッテリーがあがってしまったと言うのです。原因は、テントを張っていたときにエンジンをかけずにヘッドライトをつけっぱなしにしていたからでしょう。となるとエンジンはかかりません。

バスカルさんは「明日朝あたためてやってみる、気にしないで寝よう」と言いながら彼のテントにもぐり込んでしまいました。

ここは携帯電話の電波も届かない、街から遠く離れた誰も来ない場所です。たいへんなピンチ到来だと思うのだけれど……。わたしも自分のテントに入りインカ・ワシ島の場所を地図で確かめました。ウユニの町からは90キロメートル、最寄りのタウアの村でも、40キロメートルは離れています。とても歩いて行けるような距離ではありません。

「待てよ、インカ・ワシ島は無人島ではなく、わたしたちがいる島の反対側には島の管理をする人が住んでいたはず。そこまでなら歩けば1時間程度だし、助けを呼べるかもしれない」

しかし昼まで車が動かないのなら、明日の未明に行う予定だった水鏡での星空撮影《さつえい》は絶望的です。

「明日になったら撮れるのだろうか？　今夜はせっかく晴れているのに、明日から急に雲が広がってもう星空が見られないなんてことになりはしないだろうか？」

わたしはいてもたってもいられず、星の写真を撮ることにしました。テントの外へ出ると、月も沈んで街明かりもない、真っ暗なはずの大地が、うっすら何かの明かりで照らされていました。それを照らしていたのは星明かり。そして見上げるとそこには、今までに見たことのないほどにきらびやかで、見渡す限りの広い星空がありました。

そして、いつの間にかあんなに強く吹いていた風が止《や》んでいました。「この星空が水鏡のような湖面に映ったら、どんなにすごい風景になるのだろう……、明日はそこにたどり着けるといいな」そう思いながら、明るくなるまで写真を撮り続けました。

星の野原に立つ

夜明け、赤く染まった塩原の彼方に何台かの車の影が見えました。助けを求めようと

朝食のピザを焼いてくれる
バスカルさん

バスカルさんを起こしました。彼はテントから眠そうに這《は》い出《で》ると、助けを求めるふうではなく、再び車のボンネットを開けて何かをしていました。そして彼が運転席に座ったかと思うと、にわかにエンジン音が轟《とどろ》き渡りました。

「えっ!?」

バスカルさんがこちらに向かってガッツポーズをしています。そしてちょうど朝日がバスカルさんに後光のように射《さ》しました。車のエンジンはかかりました。

どうして直ったのかを尋ねてみると、眠る前にバッテリーと車体との接続をすべて外し、一晩放置したそうです。急に使いすぎてあがったバッテリーは時間を置くと自然と回復するのだそうです。バスカルさんはガイドの仕事以外にもモータースポーツの仕事をしているため、車のことには詳しいのです。彼は待つしかないことを知っていて、その間に眠る、という極めて合理的な行動をとっていたのです。

わたしたちは食料調達や準備のために、いったんウユニの町へ戻ることにしました。車は、白く眩《まぶ》しい塩原を軽快に走りました。驚きと不安と、一晩でいろいろな体験をしたインカ・ワシ島が、遠くなるにつれ蜃気楼で浮いた島のようになり、バックミラーの中にいつまでも見えていました。

ウユニの町に着くと、バスカルさんとは別行動をとり、それぞれの準備をしました。わたしはホテルでカメラのバッテリーを充電したり、撮影した写真データのバックアップを取ったりしながら夜に備えて睡眠をとりました。そして午後再び合流し、今度こそ水のあるトゥヌパ火山のふもとへと向かいました。

ウユニ塩湖で、湖面に風景が映り込む写真を撮るためには、
・雨季に出かけてそこに水があること。
・晴れていること。
・風が吹いていないこと。
が条件です。風があると水面に波が立って、鏡にならないのです。星々の小さな光は、水面に小さな波があるとかき消されてしまいます。

どうしてウユニ塩湖の水面が鏡になりやすいかというと、水深が数センチメートルと、とても浅いからです。水の表面に立つ波は、水深が深いと大きく揺れてなかなかおさまりませんが、浅ければさざ波は風が止めばすぐにおさまります。ウユニ塩湖はいわば巨大な水たまりで、風さえおさまればたちまち鏡になるのです。ふつうの湖では、よほど無風状態が続かない限り鏡面にはなりません。そして水深がごく浅いウユニ塩湖はその水鏡の上を歩くこともできるのです。

　再び車を走らせ、今度は無事にトゥヌパ火山のふもとに到着しました。そこには本当に水面が広がっていました。方角を確かめると、トゥヌパ火山を横に見て、ちょうど明け方に天の川の中心が昇ってくる方向へと水面が広がっています。そして、天気は相変わらず晴れ。沈む夕日が塩原に長い山の影を落としていました。


「これは、いけるかもしれない」

しかし最後の問題は風でした。昨日と同じように強風が吹き荒れていて、湖面に映り込む風景はひどく乱れていました。

わたしは前日の夜のことを思い出していました。昨夜も夕暮れから夜中にかけて、猛烈な風が吹いていましたが、夜半をすぎると穏《おだ》やかな風になり、夜明けにはピタリと止んだのでした。おそらくこれが平均的な一日のサイクルなのではないか。そう楽観的に信じて、風の中テントを張り、「待つしかない」と昨夜のバスカルさんを見習って休むことにしました。

ここは標高3700メートル。富士山の山頂ほどの高さです。日本から訪れる方の中には高山病に悩まされる方も少なくないと聞きます。わたしもそれを心配していました。以前富士山頂に連泊したときには息が苦しくてろくに眠れなかったのですが、今回は大丈夫のようです。標高の高いボリビアに到着した日、すぐ寝ずに、意識して深呼吸をしながら身体を慣らしたのがよかったのでしょうか。それとも以前の富士山の経験を身体が覚えていて少しは慣れていたのでしょうか。

そんなことを考えながらウトウトしていると、バサバサいっていたテントの音がいつの間にか静かになり、フラミンゴの鳴き声が響きました。

「風が？　止んだ？」

わたしはテントから飛び出し、長靴《ながぐつ》を履《は》き、三脚に取り付けたカメラを2セット持って水辺へ向かいました。

「鏡になってる！」

星々が足元に広がり、天の川までも映っています。

静かに宙《そら》を映す水面を一歩、また一歩踏み出すと（そう、この水面は歩けるのです！）、波紋《はもん》が広がって星の野原が揺《ゆ》らめくのでした。

「星空の上を歩いているみたい……」

水深わずか３センチメートル。どんどん水鏡の上を歩いていき、振り返ると、まるで宇宙の中に立《た》ち尽《つ》くしているようで、自分がどのくらいの距離を来たのかもわからなくなりました。

広大な水鏡に空を映す世界の絶景ウユニ塩湖。その鏡に最高の星空が映ったところを見てみたい。その一心で地球の裏まで出かけ、たどり着いた光景。普段見慣れたのとは逆さまの星座がわたしの平衡《へいこう》感覚を狂わせます。憧《あこが》れていた宇宙遊泳はこんな感じなのかな。自分が立っている場所が地球であることさえ忘れそうでした。

水平線から天の川が上下に広がってわたしをぐるっと取り囲んでいます。天の川はわたしたちがすむ銀河という星の大集団を内側から見た姿で、天の川にぐるっと一周取り囲まれて初めて、本当にこの銀河の中に浮かんでいるんだと実感したのです。

夢のような景色に浸《ひた》って、どのくらいたたずんでいたでしょうか。

「写真、撮らなきゃ」

我に返って三脚を立て、撮影を始めました。いつまた風が吹き出すかもわかりませんし、夜明けまでそう時間もありません。

ウユニ塩湖に垂直に立つ天の川。
右の小さな雲のようなものは
我が銀河のお隣にある小さな銀河
“大マゼラン雲”

下が全部塩水なので物を落としたり置いたりすることができません。いつものようにやれば失敗はないはず。レンズの絞《しぼ》りを開放に。星にピントを合わせて、露出《ろしゅつ》は20秒……。

液晶モニターに出た一枚目の画像を見てはっとしました。これが撮りたかった写真。

「ついにたどり着いたんだ」

撮れた写真には、天の川が水平線を境に上下対称に鏡映しにはっきりと写っていました。ふと、この写真の中に自分も入ってみたくなりました。カメラのシャッターを自動で連写するようにセットし、カメラの前にゆっくり歩いてゆきました。1枚の写真を撮るためにシャッターが開いている時間は20秒。その間動かないでいればピタリと止まった状態で写真に写ることができます。星々もゆっくり動いていますが、20秒くらいまででしたら点に写ります。そこに写った星々の光はこの宇宙を何十年、何百年と旅してやっと地球に届き、今、カメラのレンズに飛び込み、カメラの素子に到達して記録されたのです。カメラのレンズの中に飛び込んできた星の光のおよそ半分はウユニ塩湖の水面に反射したものです。こうして20秒間もの間光を集めると、人間の目で見える以上の星まで写し記録することができます。

星の写真を撮るということは時空の旅をしてきた星の光を捕まえ、一瞬の宇宙を切り取るということ。

そこには大いなる宇宙と、それを見上げる小さな自分が写っていました。

静けさの中、フラミンゴの鳴き声と星々に包まれた湖に夜明けが近づくと、水鏡が鮮やかな暁《あかつき》のグラデーションを映していました。その夜明けの色の中に星が消えていき、生涯忘れることはないであろう夜が終わりました。

地球は銀河の中に浮かぶ惑星《わくせい》。そしてその上に小さいながらもわたしは存在している。

ウユニ塩湖は、それを体感させてくれた場所でした。


今回、わたしたちは水鏡を求めて塩原を何百キロメートルも走り回りました。本来雨季には水が阻《はば》み、そんなに走ることはできないということを後になって聞きました。湖の真ん中の島や対岸の風景、不安を胸に見上げた恐ろしいほど美しい星空。そして水鏡の宇宙。図らずも乾季と雨季両方の魅力を見ることのできた今回のウユニ塩湖の旅は、本当に恵まれていたのかもしれません。

水鏡に映った星空の中を歩きたい。その目的のためにわたしは地球の裏側までやってきました。

ところが、自然はいつも味方してくれるわけではありません。どんなに願っても自然がわたしの思うとおりの姿を現してくれるとは限らないのです。わたしはただ自然に与えられた世界の中で、できる限りのことをするしかありません。

今回、わたしが目的に向かう勢いに同調して、力になってくれた人に出会えたのが幸運でした。バスカルさんは延々と塩原を走ったり、キャンプをしてくれたり、全力で付き合ってくれたのです。そのおかげで夢のような体験ができたと思っています。

全力で何かに向かって走っているとき、わたしの熱意を理解して協力してくれる人に

出会えることがしばしばあります。わたしはその人たちに助けられ、目標に導かれている
ると感じています。

消えゆく天の川と夜明けのグラデーション

スーパームーンを追って東京八王子へ

～スカイツリーと浮かぶ月の船～

街の中で宇宙と出会う

天体が繰《く》り広《ひろ》げる現象は都市で生活する人々にとって、普段あまり意識することがない世界かもしれません。自分とは全く関係のない遠い世界の出来事ととらえられることも多いでしょう。しかし、見方を変えると案外身近に感じられるものなのです。

子どもの頃、わたしが初めて天体望遠鏡を覗《のぞ》いたのは従兄弟《いとこ》に見せてもらったときのことです。その夜明けのことは忘れません。空が明るくなり、天体観測を終えようというとき、名残惜《なごりお》しくて夜空の天体に向けていた望遠鏡をはるか何十キロメートルも離れた富士山に向けてもらいました。すると、その山頂に輝く測候所（２００８年より気象観測所）の丸いドームがキラリと見えたのです。わたしは天体と並べてこの光景をスケッチしました。

当たり前ですが、望遠鏡を上下させるだけで、宇宙と地上は行ったり来たりできるということを感じました。わたしにとってこのときから、宇宙の出来事と地上の出来事は連続したものなのです。同じ視野にはるかにスケールの違うものが見えていることに衝

撃を受けました。

その後、天文学に興味を持って、いろいろな本を読んでみると、どうやら自分の体は星のかけらでできているということもわかりました。宇宙ができた頃になかった元素が星（恒星《こうせい》）の中やその最後の爆発の際につくられ、惑星《わくせい》やわたしたち生命の体をつくっているのです。わたしの体も森も建物も月も天の川もすべて繫《つな》がっている。自分の体は宇宙から来て宇宙に帰っていくのだ。そう思うと身の周《まわ》りの自然や天体がたまらなく愛《いと》おしくなり、また幸せな気持ちになりました。

わたしは地球上のどこにいても、自分が見ているものを宇宙の風景だと感じています。夜桜を照らす月、夏の海と天の川、それらをみな、この宇宙の中の愛すべきひとつの風景だととらえて作品にしています。わたしは作品を通じて宇宙と人間の繫がりを伝えていきたいと思うようになりました。


ある日の深夜、超望遠レンズを取り付けたわたしのカメラのファインダーに、東京スカイツリーの向こうに昇る巨大な月が映っていました。月の見た目の直径はスカイツリーの半分ほど。その迫力《はくりょく》に思わず声がもれました。

わたしと月との間には空気もあってその影響で月の色はオレンジに、形は少しひしゃげています。その月はまるで空へ浮かんでゆく船のように見えました。船はゆうゆうとスカイツリーをかすめて上昇し、やがて色は白く、強く輝き始めました。

このような月の出は街の中でも見ることができます。昇る時間を事前に調べて、見晴

らしの良い場所で待ち構えれば、あとは天候だけ。もし双眼鏡をお持ちであれば、さらにドラマティックな光景が見られるでしょう。月の出はほぼ毎日繰り広げられる小さな天体ショーです。観覧するのは簡単です。開演時刻、観覧場所に、できれば双眼鏡を準備して待つだけです（雨天、曇天《どんてん》中止）。

大きく写すために離れる

スカイツリーに昇る巨大な月を撮《と》るためには、スカイツリーから遠く離れなくてはなりません。

月は、東京で見ても、ハワイで見ても、イギリスのロンドンで見ても同じ大きさに見えます（厳密にはわずかに違うのですが、肉眼で違いはわかりません）。月の見かけの大きさは、地球上のどこでもほぼ同じです。「見かけの大きさ」というのは、月の直径が何キロメートルという実際の大きさではなく、見る人からどのくらいの大きさで見えるか（視直径といいます）ということです。月はあまりに遠く、地球上のどの場所から見ても見かけの大きさは変わらないのです。

一方でスカイツリーは、そのふもとからは見上げるほど大きく見えますが、電車にほんの数十分乗って離れた場所から見れば、小さく見えます。どれだけ走っても小さくならない月、走るほどに小さくなるスカイツリー、この見かけの大きさの違いを利用して撮影《さつえい》するのです。

スカイツリーから十分に離れて、望遠レンズでスカイツリーと月を撮影すると、巨大な月がスカイツリーのそばにあるように見える写真が撮れるというわけです。

わたしが選んだ場所は、八王子の山中、スカイツリーから約40キロメートル離れた地点。そこから２０１５年９月28日のスーパームーン（楕円軌道《だえんきどう》を描く月が、地球に最も近づくときと満月とが同じ日になった場合、最も大きな満月が見られる）を狙《ねら》う計画を立てました。

当日わたしは車に撮影機材を積み込み、地図上で探した撮影地点を目指して走りました。

次第に細くなる道に入ってゆくと、目的地の周辺は木が生《お》い茂《しげ》っていて、スカイツリーが見えません。撮影場所探しには根気がいります。候補地をいくつも調べておき、早めに現地に着くようにして探し回ります。

候補地を一つひとつ巡りましたが、どこも木が生い茂っていて、とても撮影できそうにありません。「これはダメかな……」と半ば諦《あきら》めかけていたそのとき、

「こんなところに何しに入ってきたの？」

山の中の自動車整備工場から作業服を着たおじさんが出てきて、窓越しに呼び止められました。おじさんはわたしの車を見回しながら、

「最近、このあたりはゴミの不法投棄《ふほうとうき》が多くてね」

とつぶやきました。わたしは、行き止まりの山道に見かけない車が入ってきたのだか

ら怪《あや》しまれても仕方ないなと思いつつ、もしやと思い、思い切って尋《たず》ねました。

「風景写真を撮りにきたのですが、このあたりでスカイツリーが見られるところを知りませんか?」

おじさんはハッと驚いたような表情を浮かべて、

「無いでもない」

と言いました。わたしが「えっ!? 教えていただけませんか!」とお願いすると、おじさんはわたしに、なにか身分を証明できるものはないかと言います。わたしがたまたま持っていた自分の写真集『星月夜《ほしづきよ》への招待』を見せると、さっきまでいぶかしげな顔をしていたおじさんは、みるみる明るい表情に変わり、「あんた、すごいね」と言って喜んでくれました。

おじさんはわたしの車を工場の中に置かせてくれて、スカイツリーが見える場所へ案内してくれました。

「今日は何か特別な日なの?」

「スーパームーンが見えるんです。スカイツリーと重なって見えるスーパームーンを写真に撮りたくて来ました」

「こっちだ。この隙間《すきま》から見えるんだ。今日は霞《かすみ》が出ていて見えないけどね」

そう言われたところは、視界は狭《せま》いけれど確かに遠くまで見通せる場所でコンディションさえ良ければスカイツリーも見えそうでした。

被写体と約40キロメートルも離れていると、その間の空気の量は相当なものになります。たとえ晴れていたとしても、空気がよほど透明でないと、霞となって被写体を隠《かく》してしまいます。

あいにくこの日はコンディションが良くなかったため、スカイツリーは諦め、スーパームーンだけを撮って帰ることにしました。その一部始終を見ていたおじさんは、

「ちょっとうちの工場に寄っていきませんか?」

と誘ってくれました。工場の中にあったパソコンでおじさんは写真を見せてくれました。一つひとつ開けて見せてくれたファイルの中には、スカイツリーが建設されてゆく姿を追った、たくさんの写真がありました。なんとおじさんの趣味はここからスカイツリーの様子を撮影することだったのです。

わたしは偶然に感謝しながら、おじさんにお世話になったお礼に写真集をプレゼントして、「いい場所を教えていただいてありがとうございます。また月とスカイツリーが見えるタイミングに、来ようと思います」と言って別れました。

再びチャンスを狙う

あの日、スーパームーンとスカイツリーの共演は残念ながら撮ることができませんでした。さらに先の日時でシミュレーションをしてみると、満月ではないものの、月の出とスカイツリーが近い位置で重なるタイミングが年に数回あることがわかりました。次のタイミングは2ヶ月後、12月の初旬でした。

２０１５年12月５日深夜、わたしは再び、おじさんに教えてもらったあの場所をたずねました。その夜は天気も良く、絶好の撮影日和《びより》でした。

すでに真冬の寒さの12月の深夜、大型三脚の上に超望遠レンズを据《す》えてファインダーを覗《のぞ》くと、大気の影響でゆらゆら瞬《またた》く街明かりとスカイツリーが見えました。調べた月の出の時刻になるとその東京の街明かりと空の間に大きく歪《ゆが》んだ光の塊《かたまり》が現れました。

あれが月か！

その光の塊は徐々に巨大な船の形になり、スカイツリーの背後に回り込み、やがて空へと浮かんでいきました。わたしたちが住む街の灯、そのはるか38万キロメートル向こうの月はあまりに巨大。その巨大な月が地球の自転でゆっくり動いていくのがわかります。こういった現象を目の当《ま》たりにしているとき、人間の力が到底及ばない大きな力に圧倒されて心が震《ふる》えるのです。

どれだけ準備に時間がかかっても、目的の光景に出会う時間は一瞬です。宇宙の法則に従って動く天体と、気象条件、そして地上の風景がつくりだすほんのわずかな時間にぴったりと居合わせ、二度とは起こらない瞬間を狙ってシャッターを切る。この世は千変万化。その時が過ぎると、風景は別のものに変わっていきます。そして、写真の中に切り取ったその瞬間だけが、まるで凍結《とうけつ》されたように永遠のものになるのです。これが撮影の醍醐味《だいごみ》です。

それから2週間ほどたったある日、仕事中に電話が鳴りました。よく連絡を取り合っている河出書房新社の編集担当の方からでした。

「KAGAYAさん、どこかへ撮影に行かれたときに、三脚をお忘れになりましたか?」

なんでも、わたしの名前が書かれた三脚を預かっているという人から編集部に連絡があったとのことでした。そういえば三脚が少ない気がして、同じものを買い足したところでした。思い当たる場所はいくつかあり、わたしは、おそらく富士山を撮りに出かけたときに訪れたキャンプ場だと思いました。

さっそく編集担当の方に教えてもらった電話番号にかけてみると、なんと電話の向こうの声は八王子の自動車整備工場のあのおじさんでした。

「朝一で仕事に来た人が『道の端に人の高さくらいの巨大な三脚が立っていた』と言って近所で話題になっていたので行ってみたら、その三脚に『KAGAYA Studio』って書いてあったんだよ」

おじさんはその名前にピンときて、わたしの写真集に記載されていた出版社に電話をしてくれたようでした。

「すみません、わたしのものに間違いありません。また月を撮りにいくときに引き取りにうかがいます」

「いいですけど。ずいぶん立派な三脚ですが良いんですか?」

「大丈夫です」

わたしは次にスカイツリーと月が一緒に撮れる日時を計算し、もう一度おじさんに会えるのが楽しみになってきました。

よくよく考えてみたら、最初のあの日、おじさんにゴミの不法投棄を疑われなければわたしは声もかけられず、あの撮影場所も教えてもらえず、写真は撮れなかったはず。出会いのきっかけはなんでもありだなぁ、と思うと同時に、快く自分の撮影場所を教えてくれたおじさんに感謝しているのでした。

南極皆《かい》既《き》日《にっ》食《しょく》

～白夜《びゃくや》の地平に浮かぶ黒い太陽～

世界の果てへ

実はわたしは一番行きたいところにまだ行くことができていません。本当は宇宙に行きたいのです。間近で見てみたいのは、土星の環《わ》。でも土星はあまりに遠く、わたしが生きているうちに土星旅行が実現することはないでしょう。だから今の夢は月へ行くことです。月旅行ならばわたしが生きているうちに実現できる可能性が万が一くらいあるかもしれないと考えています。でも、それが叶《かな》うとしたら、そのときわたしはかなりの歳になっているはずです。

宇宙旅行で現実的なものは、大気圏《たいきけん》の外に飛び出し数分で戻ってくるもので、無重力体験もできます。これならば生きているうちに実現できそうです。しかしまだ身近なものとはいえません。

そんな宇宙に比べたら、地球上には行こうと思えば行ける場所がたくさんあり、これは幸運なことです。宇宙に行ける日までこの惑星《わくせい》地球の上をくまなく巡《めぐ》っていきたいと思っています。

２００３年11月17日、わたしはロンドンに向かう飛行機の中で目ざめました。

この旅の目的は南極で皆既日食《かいきにっしょく》を見ること。太陽が沈まない南極の白夜《びゃくや》（南極圏や北極圏で、夜の時間になっても太陽が沈まないこと）に起こる皆既日食です。

南極へは、日本からイギリス・ロンドンのヒースロー空港、南アフリカ・ケープタウンを経由して空路で向かいました。

南アフリカのケープタウンへ到着すると、さっそくコンダクターから悪いニュースが告げられました。わたしたちが向かう南極のベースキャンプは今猛烈《もうれつ》な低気圧の中にあり、ブリザードが吹き荒れている。事前に現地で準備を進めているスタッフによると、この24時間で２つのテントと仮設トイレが吹き飛ばされたといいます。そのような天候では飛行機は南極に着陸することができません。

この旅行ではこうした悪天候を想定し、ケープタウンで準備を整えた後に、３日間の出発予備日を確保していました。

予備日の初日は、

「到着したらまず吹き飛ばされたトイレを捜さなきゃ」

「いや、きっと逆向きの風が吹いてトイレとテントは戻ってくるよ」

「でもトイレの中身はめちゃめちゃだろうなぁ……」

なんて冗談を周囲の人と言い合いながら過ごしていたものの、低気圧が居座り続け、日食までの時間が短くなってくると、不安と焦《あせ》りが出てきました。

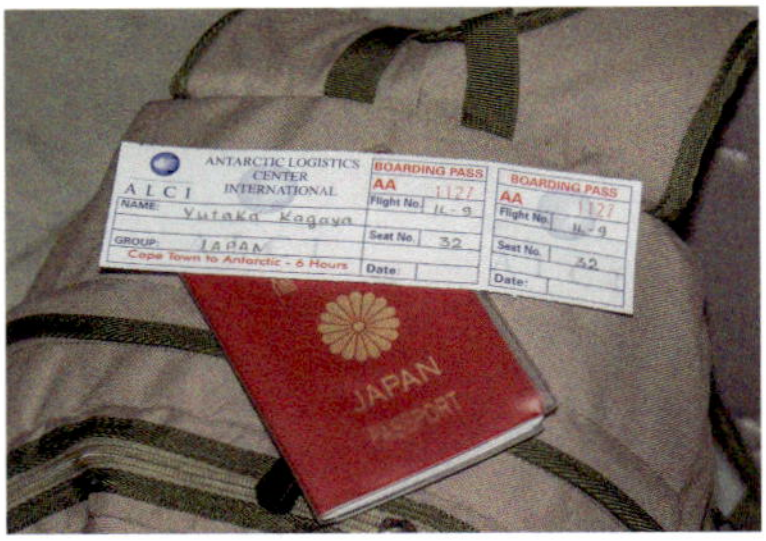

「南極への午前中のフライトが決定。40分後に集合」

コンダクターからようやくそう告げられたのは11月23日の日食の当日になってからでした。わたしはそのとき、朝食のワッフルのすべてのくぼみに大好物のメープルシロップを入れたところでした。周囲が朝食を放り出して準備に急ぐ中、わたしは急いでワッフルをほおばってから、あわただしく準備にかかりました。

出国手続きをすると、わたしたち南極大陸への冒険者たちは、パスポート上は行方不明扱いになります。南極大陸はどこの国にも所属しない場所だからです。目指すはノボラザレフスカヤ、南極大陸にあるロシアの基地です。

わたしたちが乗り込んだのはロシアのジェット機「イリューシン76」。機内はケーブル類がむき出しで、まるで貨物機のような無骨な内装。防音すらされていない機体は、ジェットエンジンの爆音を機内に轟《とどろ》かせ、離陸しました。地球の果て、南極大陸へのフライトは、わたしに宇宙へ向かう夢のフライトを連想させました。

憧《あこが》れの氷の世界

約4200キロメートルをおよそ6時間かけて飛行し、イリューシン76は南極に到着

南極に渡ったイリューシン76

軽アイゼン

かき氷を食べる

しました。南極には空港がないため、飛行機はブルドーザーで平らにならしただけの氷の滑走路《かっそうろ》へと着陸しました。

機外の温度は氷点下。外に出る前に防寒装備に着替えておく必要があります。防寒ブーツに防寒ジャケット、氷雪の照り返しも強いので顔には日焼け止めを塗《ぬ》りサングラスをかけました。

ドアを開け、飛行機から降りると、そこは真っ白な光に包まれた世界でした。厚さが数百メートルもある南極の氷床《ひょうしょう》の上にわたしは降り立ちました。足元の氷をひとかけらとってみると、中にたくさんの泡粒《あわつぶ》が入っているのが見えました。何万年も前に氷と一緒に封《ふう》じ込《こ》められた、当時の地球の空気です。わたしにはこの氷を使ってやってみたいことがありました。

わたしは足につけていたアイゼン（登山道具。氷上の滑り止めとして使う。金属製の鋭い爪《つめ》がついている）を使って氷を削《けず》りました。細かく砕《くだ》いた氷をカップに盛り、このために日本から持ってきたメロン味のシロップをかけ、かき氷を作りました。

南極の氷で作ったかき氷を食べる。

これがわたしの子どもの頃からの夢でした。

南極の寒さの中、気づけばおかわりをして6杯も食べてしまいました。南極の氷は特に味がするわけではなく無味無臭。だからまあ、ただのメロンシロップ味のかき氷なの

足の下は数百メートルもの厚さの氷

南極大陸内部の山々

ですが、想いは特別です。その氷は大昔に降った雪やダイヤモンドダストがわたしが食べるまで気の遠くなるような時間凍《こお》り続《つづ》けた氷なのです。その氷には、地球の時間が当時の空気とともに閉じ込められていたのです！

とはいえ、南極で6杯もかき氷を食べるとさすがに寒くて震《ふる》え上がりました（氷菓子《こおりがし》が好きで日頃から食べているのでお腹《なか》はこわしませんでした）。

日食が起こるまでの短い時間に、大陸内移動用の小型複葉プロペラ機アントノフに乗って白夜の南極大陸を飛行し、空から見ることになりました。アントノフは脚に取り付けられたスキーで氷の上を滑走し、ベースキャンプを飛び立ちました。

南極大陸は氷床で覆《おお》われています。氷床は、何万年もかけて降り積もったダイヤモンドダストや雪が圧縮されてできた氷。大陸の中央で2000メートル以上の厚みがあり、沿岸に向けてゆっくり動いています。ベースキャンプがあるノボラザレフスカヤ基地周辺は海に近く、長い時を経て運ばれてきた氷床は数百メートルの厚みがあります。

澄《す》んだ空気。遠く見渡す限りが氷床で埋《う》め尽《つ》くされています。ところどころに岩でできた山が顔をのぞかせています。これは氷床に埋もれた大きな山の頂《いただき》が突き出ているのです。山は氷床によって削られ、するどくえぐられています。氷は大海原か河の流れの一瞬のように見え、大きくうねり、巨大な岩をまるで砂をさらうように長い年月をかけて削っているのです。

水平線すれすれの太陽が月に隠され、皆既日食となった

時刻は夜の10時を過ぎました。低く黄色い白夜の太陽が氷の大地を照らし、尖《とが》った山の影が平らな氷原に長く長く伸びています。大きなエネルギーが一瞬で凍ったような地形を、アントノフが日食の観測地に降り立つまで窓に張り付いて眺《なが》めていました。

ミッドナイト・エクリプス

南極の皆既日食は真夜中に起きました。地平線に近く、低い高度にある太陽は大きく見え、大気の影響でオレンジ色に歪《ゆが》んでいました。

気温は氷点下18度。氷の大地を覆っている、水晶を砕いて作った粉末のような雪が、綿毛のように空中を舞い、太陽の光を受けてキラキラと輝きながら足下を流れていました。

月が太陽を徐々に覆《おお》い隠《かく》していきます。太陽のほとんどが隠れ、最後の輝きが、月の縁のでこぼこからもれて見える状態が数秒間あります。これが「ダイヤモンドリング」と呼ばれる状態です。そして太陽が完全に月に覆い隠される皆既の状態になると周囲は一気に暗くなりました。何ヶ月も続く南極の白夜に、一瞬の夜がやってきたのです。

皆既日食のとき、わたしたちは地球に落ちた月の影の中にいるわけですが、その影はあまりに巨大で、夕暮れや夜のように感じるのです。その皆既日食の一瞬の夜空には星も輝き出します。地平はどの方向も夕映えのように黄色やオレンジ色に染まっています。月に隠された太陽を見ると、周囲に広がるガスの「コロナ」が巨大な花びらを広げたように咲いていていました。

フレッドさんが撮影した南極皆既日食とKAGAYA　撮影／ Fred Bruenjes

それはまるで、他の惑星にいるかのような宇宙的な光景でした。

カメラのシャッターを切り、氷の向こうのコロナを見つめながら、

「わたしは今、広い宇宙の中で太陽と月と地球と一直線に並んでいるんだ」

と感じていました。まるで自分が宇宙と一体になったかのような気持ちでした。

皆既日食とかき氷の思い出を胸に帰国して間もないある日、「ＮＡＳＡのＷｅｂサイトに南極の皆既日食のすごい写真があるぞ！」という話を耳にしました。さっそく見てみると、ＮＡＳＡが選ぶ「今日の一枚の天文写真」のところに南極皆既日食の写真がありました。

撮影者《さつえいしゃ》はアメリカから日食観測に参加したフレッドさんという人でした。空高くに浮かぶコロナの写真はよく見かけますが、この写真は違いました。南極の氷の大地にかかるように低く大きく写されたコロナと、大気の影響でひしゃげた黒い太陽。そして何より驚くことにそこに人物が一緒に写っています。空の低いところで起こった南極皆既日

食ならではのすごい構図だと思いました。コロナと人をこんなふうに写した写真をわたしは初めて見ました。

「すごいなあ!!」

その写真を見ながら、あのときの日食を思い返していると、ふとその人物のそばに写った荷物に目が留まりました。折りたたみ椅子《いす》の上にシュラフを載《の》せたシルエット。そしてバッグ、カメラの位置、人物の背格好《せかっこう》、そのすべてに見覚えがありました。なんとこの写真に写っているのは、他の誰でもない、わたし自身だったのです。

驚いたわたしはさっそく撮影者のフレッドさんに「あの写真に写っているのはわたしです」と連絡を取りました。フレッドさんもおおいに驚き、そして喜んでくださいました。彼は「KAGAYAのおかげで素晴らしい写真が撮《と》れた。ありがとう」と写真も動画もわたしに送ってくれ、わたしはフレッドさんに心から感謝しました。

皆既日食の写真は、広い宇宙の中で太陽と月と地球が完全に一直線に並ぶ瞬間、地球上の特定の場所にいなければ撮れない写真です。このフレッドさんの写真を撮るのはさらに難しく、広い宇宙の中で、太陽と月と地球とわたしとフレッドさんが完全に一直線に並んでいなければ撮れません。

そして動画を見てみると、フレッドさんから見てわたしが太陽の真ん前に躍《おど》り出《で》るのはわずか数秒だったのです。その数秒を逃《のが》さずフレッドさんはシャッターを切っていたのです。一直線上にたまたまいたフレッドさんの撮影技術が素晴らしく、また気さくで良い人だったのは本当に幸運でした。

子どもの頃から憧《あこが》れてきた、自分の夢の中の出来事を誰かが撮影してくれていたのです。

この出来事からわたしは、「何かが起こりそうなところには、とにかく自分の足で行ってみる」ことを大切にするようになりました。

この南極での皆既日食は、あまりに太陽高度が低いため、見ることが非常に難しいと言われていました。低い空で起こる皆既日食は雲に隠れて見えない可能性が高いからです。しかし（本当はかき氷が目当てだったとはいえ）実際に自分の足で地球の果ての南極まで行ってみたら、皆既日食が見られただけでなく、その夢のような世界にいる自分の姿を写真に撮ってくれていた人がいた。帰国後はその写真を探し当てることまでできました。

想像を超えた何か素晴らしいことに逢《あ》える機会はめったにありません。ただ待っていてもなかなかそのチャンスはやってきませんが、何かが起こりそうなところに自ら足を運べば格段に出会える可能性は高くなります。アンテナを広げて自分の行くべき場所を探し、網《あみ》を広げてキャッチするのです。

まず自分の足でチャンスのある場所まで行くこと。そして少しでも確率を上げるためにいろいろな工夫をすること。そうすれば、想像すらできないほどの面白いことと出会えるのではないか。それがわたしがこの世界中を飛び回っている動機です。

好きなことをやる。そう決めた

少年時代の山で出会ったもう一人の自分

惑星《わくせい》地球のあるがままを求める旅は危険と隣り合わせです。

たとえば北極圏《ほっきょくけん》の雪原でのオーロラ撮影《さつえい》。氷点下30度にもなる寒空の下で一晩中撮影することもあります。我を忘れて撮影に集中していたら手や足に凍傷《とうしょう》を負う危険がありますし、道に迷えば命の危険すらあります。

南極では雪に隠《かく》れた巨大な氷の割れ目の一歩手前でそれに気がついたこともありました。

野生動物に遭《あ》うこともあります。北海道や北米でヒグマに遭うことが怖いことはご存じのとおり、南西諸島での撮影にはハブに注意しなければなりません。本州でもよく遭うイノシシも案外危険です。房総半島で星を撮影していたら、イノシシの親子がすぐそばの畑を掘りながら行ったり来たりしていたこともあります。夜行性の動物と遭遇《そうぐう》してしまうのは夜行性の星撮《ほしと》りの宿命でしょう。

いずれにしても夜通し歩き回ることもあるのですから、いろいろなことに用心しなけ

ればなりません。

街を出て自然の中に入るということは、人工的に守られたエリアから出て、人を守るシステムがないむき出しの大自然に自ら入り込むことになります。そこに棲《す》んでいる生物がいれば、たとえそれが毒ヘビでも害虫でも、こちらがお邪魔《じやま》するという形になることを忘れてはいけません。

撮影旅行中の様々なリスクを覚悟の上で、わたしは星空にカメラを向けています。偶然の不運によって引き起こされる危機に遭うかもしれませんが、下調べと万全の準備でその確率を下げて臨《のぞ》みたいと思っています。

自分がどのような場所に入るのか、きちんと調べ、準備をして、自分で何が危険なのか認識した上で遭う危機には対処のしようもあり、最悪の場合諦《あきら》めもつきます。ですが準備不足で危険な目に遭った場合は無防備で、振り返ることがあれば相当悔《く》やむことになるでしょう。

そう思うのは、わたしがかつて準備不足と無知が故に、命にかかわる危険に遭遇した経験があるからです。


高校生の頃、とある山に行ったときのことです。そこはよく星を見にいっていた山で、慣れ親しんだ場所でもあります。野宿をしながら夜は星を見たり撮影をしたりして何日も滞在していました。

昼間は山登りをしたり、高山の遊歩道を歩き回ったりしていました。もう何度も行っているところだったので詳《くわ》しかったはずなのですが、その日はいつもの登山道ではないところから山に入り、登ろうとしたのです。ちょっとした好奇心でした。しかし本来、素人《しろうと》がまともな準備をせず、定められた登山道以外から山に登ることは、絶対にやってはいけないことなのです。わたしも若かったので、山の怖さを知らなかった。後に知ることになりますが、そこは誰も近づかない危険な場所だったのです。

わたしは山の斜面《しゃめん》を気楽に登り始めました。だんだんと険《けわ》しくなることに挑《いど》む冒険心が少なからずあったと思います。気づけば急斜面を、ロッククライミングさながらに登らなければ前に進めなくなっていました。下を見れば、そこには数十メートルの高さの崖《がけ》がありました。

「これは戻らなければ危ないな」と思ったときにはもう手遅れでした。その崖は非常にもろい岩でできており、登るたびにボロボロと壁面が崩《くず》れていきます。手頃な足場を崩しながら進んでいたため、戻るにもすでに足場はありません。もし足を滑《すべ》らせたら、数十メートル下まで滑落《かつらく》してしまいます。

わたしは、自分がこのまま危険な山を登り切るか、滑落して死ぬかという状況に陥《おちい》ってしまったことを悟《さと》りました。

頂上まで登れば、いつもの登山道に戻って降りることもできる。わたしは登り切ることを選ぶしかありませんでした。岩に手を伸ばし、体重をかけても崩れなければ一歩登る。それを何度も繰《く》り返《かえ》しながら慎重《しんちょう》に登っていきました。問題は、登るたびに斜面が急になること、そしてこの先、人間では登れない岩の壁《かべ》が現れたら絶体絶命ということ。わたしは信じて登るしかありませんでした。

急いで登る必要はないため、たまに休んで周囲を見渡していました。よく晴れた穏《おだ》やかな日で、いつも山に来たときに目にするお気に入りの風景が広がっていました。「このままここで死んじゃうのかなぁ」という胸を突《つ》き刺《さ》すような恐怖心を振り払い、落ち着け、慎重になれ、と自ら言い聞かせ、再び岩に手をかけます。登りながらいろいろなことを考えました。自分のそれまでの人生で起きた出来事が頭に浮かんでは消え、時には後悔に苛《さいな》まれながら、登り続けました。

そのとき、安全と思って手をかけた岩が崩れ落ちました。わたしは間一髪《かんいっぱつ》で助かりましたが、転《ころ》がりながらガラガラと音を立てて下へ落ちていく岩が崖の下で砕《くだ》け散《ち》り、さらに恐怖心を煽《あお》ります。「何でこんなところを登っちゃったんだろう」と何度も胸から悔しさがこみあげてきました。「何で登り始めたんだろう、こんなに自分が何も知らない、危ないところを。何でだ?」

――。

死を覚悟したつもりでも、恐れは消えてなくなりません。その恐れを打ち消す方法は、ただ一つ、目の前にある岩をよく観察して一つひとつ確実に登ること。

一歩一歩確実に。慎重になれ。

何時間、何メートル登り続けたのかはよくわかりません。しかし上に覆《おお》うように迫《せま》っていた崖がなくなり、空だけが見える最後の岩の段が見えたときの心臓の鼓動《こどう》は今も忘れません。「あそこに行けば、命が助かるんだ」それは鼓動というより、全身に血流が強く流れ、全身が躍動《やくどう》したような気分でした。「生き返った」という気持ちだけが身体を突き動かしていました。

目の前に、平らに広がった草地が現れ、崖から腹ばいになって全身の力で転がり登り切りました。フラフラと上へ歩いてそこが頂上へと続く安全な場所と確認すると、大の字に寝転がり「ああ、生きてる」と思ったきり、そのまま眠ってしまいました。

眠ったのはほんの一瞬だったのかもしれません。目が覚め、真っ青な空に白い雲が浮かんでいるのを見ながら思いました。

「なんで生きてるんだろう……」

生と死は紙一重。

あのとき、わたしはちゃんと崖を登り切って帰ってきたけれど、死を覚悟したあのとき、幼いわたしの半分は崖を落ちてしまったのかもしれません。

人はいとも簡単に死んでしまうのだということを身をもって知ったわたしは、今日ある命が明日もある保証など、どこにもないというのが人生の正体なのだと気づきました。注意すれば避《さ》けられる危険には近づかない。それには知識と準備が必要だと気がつきました。

そして、あの山登りから生還したわたしの人生は、天からもらった特別の人生なのだから、好きなようにやろうと思いました。すると、どんなことが起こっても「あのときに比べれば全然マシ」「いったん死んでるから何でも大丈夫」と思って大胆に行動できるようになりました。会いたい人にはすぐ会う。行きたいところにはすぐ行く。

高校地学部時代

危ない橋は、どのくらい危ないのか、他に道がないのかよく調べ、その先にある宝と天秤《てんびん》にかけた上で判断して渡る。ただ臆《おく》することはしない。

あのとき崖から落ちてしまった自分の片割れを励《はげ》ますために、その分も楽しい人生を進もう。あのとき以来、そんな不思議な心持ちになったのです。

2
想像の中の風景を追いかけて

起こり得るすべて

わたしの絵は、頭の中で想像することから始まります。
頭の中で想像した世界でまず遊ぶ。
そしてその中で見えた情景を白紙にスケッチする。
たくさんのスケッチの中から実際に絵に仕上げるものを選びます。
そして構図が決まったら具体的に描くための資料を集めます。
構図の中にあるものすべての要素を調べます。
想像の中の星や雲や山を描くのであっても、
かつて自分が撮《と》った星空や自然の写真を資料として見ながら、
現実のそれらが実際にどんな形や質感なのか
よく観察して描きます。
大自然がわたしのバイブルなのです。
自然の中に実際に身を置くことで感じる畏敬《いけい》の念があります。
それは表現に自然と滲《にじ》み出《で》るのではないかと思っています。
だからもし資料が足りなくなれば、富士山でも南極でも、
自分で見にいきたくなります。
そして宇宙の法則に反せず、

現実に起こり得る範囲《はんい》で最大限想像してみる。
絵の中にはどんな偶然があっても構わない。
悠久《ゆうきゅう》の時の中では滅多《めった》に起こらないことも起こり得るし、
想像ではどこにでも行けるのだから。
わたしの写真の撮り方は、そんな絵の描き方と似ています。
つまり最初は
「こんな写真が撮りたい」という想像から始まります。
しかし絵と違い、キャンバスはスタジオの中にはありません。
この地球全体が素材の散らばるキャンバスで、
そのピースが重なるポイントに
自ら出かけていかなければ生まれないのです。
絵のように都合よく
偶然のチャンスが重なるような光景に逢《あ》えるとは限りません。
何十回通っても見られないものもあります。
しかし、よく調べて可能性を追求し行動すれば、
幸運に恵まれることもあるのです。

ニュージーランドの南極光

〜天の川とオーロラ、理想の夜空を探して〜

想像した構図を元に旅を計画

わたしが頭の中で想像した光景を探して行く場所を決め、実際に撮影《さつえい》までできた幸運な旅の話をしたいと思います。

わたしの初めての写真集の出版が決まったとき、表紙の写真を選ぼうと過去の写真をくまなく探しましたが、ふさわしいものがありませんでした。書店で並んだとき、たくさんの本の中から手にとってもらえるような鮮やかな色彩と、一目で星の写真集であることがわかる表紙にしたい。それなら新しく撮《と》りにいこうと構図を考えてみることにしました。目立つ赤い色となると夕日かオーロラ。そして星空を代表する天の川。その夜空は水面に反射していれば透明感も出せます。

夜空の赤い光はオーロラにできたら最高です。オーロラと聞いてすぐに思い浮かぶのはアラスカやカナダ、そして北欧ですが、星空となると北へ行くほどやや地味になってしまいます。天の川の中心は南半球で空高く昇ります。北半球から見ると、天の川のハイライトは南の地平線に隠《かく》れて見えないのです。想像した構図、きらびやかな天の川と

ニュージーランドに持っていった機材

オーロラが同時に見える空は、南半球の緯度《いど》の高いところにあります。

次に具体的な撮影場所を考えていきます。南半球でオーロラが見られる可能性がある場所、なおかつふつうに行ける場所となるとニュージーランドとタスマニアが候補地です。カメラはオーロラが現れる南に向けなければならないため、グーグルマップで南側に開けている地形を探します。水面に反射した風景をとらえるために、波の立たない静かな湖が必要です。地形を考え、撮影場所にはニュージーランドを、時期は晩秋を選びました。

わたしにとって、この撮影計画を練《ね》る時間が最も楽しいことの一つです。いろいろな構想が頭に浮かび、それらをパズルのように組み合わせていく作業。ワクワクします。

ニュージーランド行きが決まったところで、ふと写真家の中垣哲也《なかがきてつや》さんのことを思い出しました。かつてアラスカでのオーロラ撮影をご一緒したこともある中垣さんは、何度もニュージーランドを撮影した経験があると聞きました。土地勘《とちかん》も持っているでしょうし、一緒に行けたらこんなに心強いことはありません。さっそく連絡を取ってみると中垣さんもすぐに乗り気になってくださり、二人で12日間ほどの旅行計画を組みました。

２０１５年４月、わたしたちは飛行機でニュージーランドの南島のクイーンズタウンへ向かいました。ちょうど出発に合わせたかのように太陽面でフレアという爆発現象が発生、旅行初日にもオーロラが活発になる「磁気嵐《じきあらし》」となりそうでした。この時期、オ

夕食の支度をしているとどこからともなくカモが集まってきた

ーロラが見られるタイミングは1ヶ月のうちわずか1、2回程度。この幸運が逃げないうちに撮影を始めなければなりません。街で食料を買い込み、わたしたちはすぐに撮影ポイントの湖へ向かいました。

湖に到着すると、予想どおりに静かな場所で、近くに民家も少なく、街の光もありません。絶好の撮影ポイントでした。さっそく湖畔《こはん》にカメラをセッティングしました。続いて夜の撮影に備えての腹ごしらえに、中垣さんがラム肉の料理を作ってくださいました。ニュージーランドの大自然の中で食事をしながらオーロラを待ちます。ラム肉をほおばりながらふと空を見上げると、いくつか星が見えていました。試しにシャッターを切ってみると、なにやら南の地平線が紫色に染まっています。

チャンス到来

「中垣さん、オーロラが出ているかもしれませんよ！」

わたしがそう叫ぶと、中垣さんは張っている途中だったテントを放り出して飛んできました。撮影モードに突入です。

写真を撮りながらオーロラらしき光を確かめていましたが、暗くなるにつれ、それがオーロラだと確信しました。オーロラ独特の光の柱が動き出したのです。低い空に舞う

オーロラ独特の赤い色彩が、刻一刻と変化していきます。

空が完全に暗くなると、天の川がちょうどオーロラの上に見え始めました。風も弱く、湖面はオーロラの色を映しています。

ファインダー越しに見えた光景は、わたしが想像した風景そのものでした。

湖面にオーロラが写っている理想の構図が目の前に広がって夢のよう。二人でひたすら撮影に没頭していました。

すると、静かにオーロラを映していた湖面に、にわかにさざ波がたったかと思うと、ゴォッという音とともにものすごい風が吹いて、なにかわたしの横を白い大きな塊《かたまり》がかすめていきました。

「ん!? なんだ今のは?」

その白いものが岸から湖面を転《ころ》がっていき、水の上にのりました。

中垣さんがそれに気がついて「あ〜、わたしのテントですね……」とぼっそり言いました。

なんと飛んでいったのはわたしたちのテントでした。

テントは見事に湖に着水し、まるで水面に張ったように浮いていました。

「テントって、水に浮くんだ……。取りにいきましょうか」

「大丈夫でしょう、風に吹かれて戻ってくると思います。とにかく今はオーロラを撮りましょう」

中垣さんはそう言ってオーロラを撮り続けていますので、わたしもそうすることにしました。

しかし、テントは戻ってくるどころか、沖へ流され、しかも沈んでいくように見えます。

そしてオーロラの舞がおさまる頃、テントはほとんど見えなくなってしまいました。

朝になり、沈んだテントが見えたので、泳ぎに自信があったわたしは、テント回収のため湖に入りました。晩秋のニュージーランドの水浴びは冷たさが身にしみました。

そして、その晩も幸運に恵まれて見事なオーロラを撮影でき、その写真でわたしは最初の写真集の表紙を飾ることができました。快《こころよ》く同行してくださった中垣さん、応《こた》えてくれたオーロラ、お天気、様々なことに感謝です。

湖に沈む幻《まぼろし》の橋と天の川

〜北海道に銀河鉄道の光景を求めて〜

『銀河鉄道の夜』の世界を追って

わたしは子どもの頃から、宮沢賢治《みやざわけんじ》さんの『銀河鉄道の夜』が大好きでした。実は「好き」という言葉が当てはまるかどうかさえわからない状態で、強く惹《ひ》かれたというか、読めば読むほどそのお話の底知れぬ不思議さの魅力に取りつかれていったというか。このお話の世界が目の前にあったらどんなふうに見えるのだろうと、あれこれ想像を膨《ふく》らませ、どんどんのめり込んでいきました。この、のめり込んでいる感じが「好きでしようがない」と言えるのかもしれません。

そして大人になってからも『銀河鉄道の夜』の世界を追い続け、賢治さんの故郷岩手県花巻市《はなまきし》を何度も訪れたり、賢治さんの弟のお孫さんである宮沢和樹《かずき》さんに、お話を伺《うかが》ったりもしました。そして絵を描いているだけでは満足せず、絵を動かし、ついにはプラネタリウムのドームに映す全天映像作品『銀河鉄道の夜』を制作しました。これは銀河鉄道に自分で乗ったような体験をしてみたいと思ってつくったものでした。制作にあたっては、物語に登場する三角標や鉄道の駅、標識など細部にわたって調べ、30台もの

パソコンをスタジオに導入して、コンピューターグラフィックスで忠実に再現しました。着手から完成まで3年をかけました。

そんな『銀河鉄道の夜』の原風景を思わせる風景があります。北海道・上士《かみし》幌町《ほろちょう》にある「タウシュベツ川橋梁《きょうりょう》」です。

北海道には、かつて開拓と産業振興がさかんであった時代に、たくさんの機関車が走っていました。しかし時代とともにそれらの多くは廃線《はいせん》となり、今は軌道の跡がかろうじて面影を残しているのです。糠平湖《ぬかびらこ》にかかるタウシュベツ川橋梁も、そんな忘れられつつある鉄道の風景を今に伝える場所の一つです。

タウシュベツ川橋梁の魅力はそのアーチの形と、橋そのものが水に沈んだり出てきたり、様々な姿を見せることでしょう。なんとこの橋は毎年湖に沈んで完全に隠《かく》れてしまう時期や、水が引いて完全に姿を現す時期があるのです。見ることができる時期が限られていることから「幻《まぼろし》の橋」と呼ばれることもあります。

橋のかかる糠平湖はダム湖で、水量が変化します。春には橋の下の地面が見えるほど水がなくなります。5月から夏にかけては雪解け水が入るため水位が上がり、秋には橋全体が水没して見えなくなってしまいます。

この場所に10年前に訪れたときはちょうど水が引いた時期で、湖底も橋も完全に見え

天の川に沿って描いた銀河鉄道の沿線図(2003年制作)

初めて訪れたときのタウシュベツ川橋梁

ていました。まるで異世界にでも来てしまったかのような荒涼とした光景に圧倒されました。そしてこの橋梁を銀河鉄道のイメージに重ねて撮《と》ってみたいと思ったのです。しかし当時のデジタルカメラの性能では、暗闇《くらやみ》の中で橋梁と天の川をどちらもくっきりと写すことはできませんでした。

写真で浮かび上がらせる星空の景色

天の川のような淡い光をとらえるためには、長時間シャッターを開き続けて光を集めなければなりません。シャッターを開けている時間のことを露出《ろしゅつ》時間と言います。日中の写真では露出時間は数百分の1秒なのでカメラを手で持って撮影《さつえい》できます。しかし、星空の写真では露出時間が数秒から数分と長くなるため、手で持って撮ることはできず、

三脚に据えて撮らなければなりません。露出時間が長くなるとその間に星は動いて線に写ります。星は北極星を中心に1日に約一回転する日周運動をして見えるからです。

フィルムを使って天の川を撮影していた頃、その露出時間は10分にもなり、赤道儀《せきどうぎ》という装置を使ってカメラを星の動きに合わせて動かし、星が点に写る工夫をしていました。

ところが最近のデジタルカメラの感度はフィルムよりもはるかに高くなり、10秒程度の露出で天の川を撮ることができるようになったのです。

赤道儀を使った天の川の撮影では、星は点に写っても今度は風景の方がブレて写ってしまいます。星空と風景を両方ともくっきり写せるようになったのは、カメラの高感度の性能が良くなったおかげなのです。

星空と風景を同時に写せるようになる前、わたしはその世界を絵で表現していました。しかし、今ではそれを写真に撮ることができるようになったのです。


最初にタウシュベツ川橋梁を訪れてから10年。その間にカメラの性能は飛躍的に良くなりましたので、撮影条件が整う日を狙《ねら》ってチャレンジしてみることにしました。

『銀河鉄道の夜』のお話の中で主人公ジョバンニたちを乗せた銀河鉄道は「北十字」から「南十字」まで天の川に沿って走っていきます。北十字は白鳥座のちょうど十字架に見える星の並びのことで、日本の夏に空高く昇りよく見えます。北十字から鷲座《わしざ》、蠍座《さそりざ》、ケンタウルス座、そして地平線の下に隠《かく》れていて見えない南十字へと続く銀河鉄道の路線とタウシュベツ川橋梁をうまく重ねて撮れないものかと思いました。

月がほんのりと橋を照らし、それを映す水が湖にたまっていて、天の川が重なるように横たわる——狙った構図が撮れるチャンスは5月と6月、1年にわずか数日しかありません。

夢見るタウシュベツの橋

2016年の5月末の撮影では、幸いにも天候に恵まれました。

タウシュベツ川橋梁周辺には鉄道やバスは走っていないため、車で林道を通っていきます。林道は一般車両の通行が禁止されているため、森林管理署に届け出て、林道使用の許可を得て向かいます。また、夜間の撮影のための特別許可が必要です。撮影ポイントは大自然の中にあり、ヒグマにも十分注意しなければなりません。このように自然の中にお邪魔《じゃま》させてもらい身を置く場合は、十分な下調べをした上で覚悟を持ち、自己責任で臨《のぞ》むことになります。


撮影ポイントで機材をセッティングし、構図を決めてその時間を待ちます。静かな湖面の上をときどき夜風が走り、そのたびにさざ波がたちます。クマよけのためにわたしはスマートフォンから音楽を鳴らしていましたが、時折、シカやフクロウの鳴き声が森の奥から聞こえてきました。やがて深夜、天の川が東の空から昇り、次第に橋に重なり

ました。
銀河鉄道の沿線が見渡せる天の川の大パノラマ。地平線の向こうにあるはずの南十字まで連なる光の川。かつて汽車が走っていたタウシュベツ川橋梁に、銀河鉄道のコースが重なる一瞬を狙って、わたしはシャッターを切りました。

わたしは撮影しながら、この橋が夢を見ながら眠っているようだと感じました。その夢は、活躍する汽車を乗せていた頃の夢です。

橋はこの10年間でだいぶ崩落《ほうらく》が進んだように見えました。何しろ毎年水に浸《つ》かったり顔を出したり。風化が進むのは当たり前です。この橋はいつまでこの形をしているのでしょうか。やがてアーチの形は無くなり、橋脚《きょうきゃく》だけが残るのでしょう。そして、それも無くなって完全に姿を消す日もくるでしょう。

人の心から見ればもの寂しい気もしますが、この世の万物《ばんぶつ》は流転《るてん》していて風化して無くなるのが自然というもの。この橋がまだ新しかった時代、その上を勢いよく蒸気を吐《は》く機関車が、荷物や人を乗せて走っていたはずです。それが、時を経《へ》て湖の底に沈み、やがて風化していく。

その一瞬の今の姿にわたしが出会い写真に撮った。わたしにできることは崩れる前に写真に撮ること。今の一瞬の宇宙を切り取ることなのです。

イルカが棲《す》む島
～海の中の新しい世界～

夢のドルフィンスイム

子どもの頃、わたしは両親に買い揃《そろ》えてもらった図鑑《ずかん》の中に憧《あこが》れの光景を見つけました。

わたしは図鑑を眺《なが》めるのが大好きでした。藍色《あいいろ》の夜空に揃って軌跡を描く星の写真、鮮やかに描かれた遠い銀河のイラストなど、図鑑の中は想像力をかき立てる宇宙の姿でいっぱいでした。わたしはその世界に浸《ひた》り、絵に描いたりしながら想いを強めていきました。そんな中に海洋への憧れがありました。地球の表面の70パーセントは海で、そこには多様な生き物が棲《す》んでいるのです。

わたしが生まれ育った埼玉県には海がありませんでした。子どものわたしは海に憧れて絵を描きました。広い海を航行する自分の船とその周《まわ》りに魚やイルカ、クジラの絵を想像して描くのが好きでした。本物の海に遊びにいくことはできず、波を作り出すことのできるプールに行って憧れを募《つの》らせていました。そしてイルカと一緒に泳いでみたい

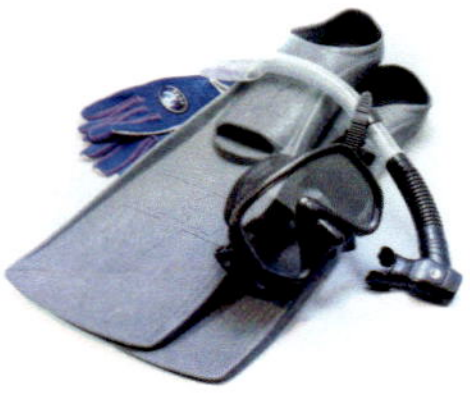

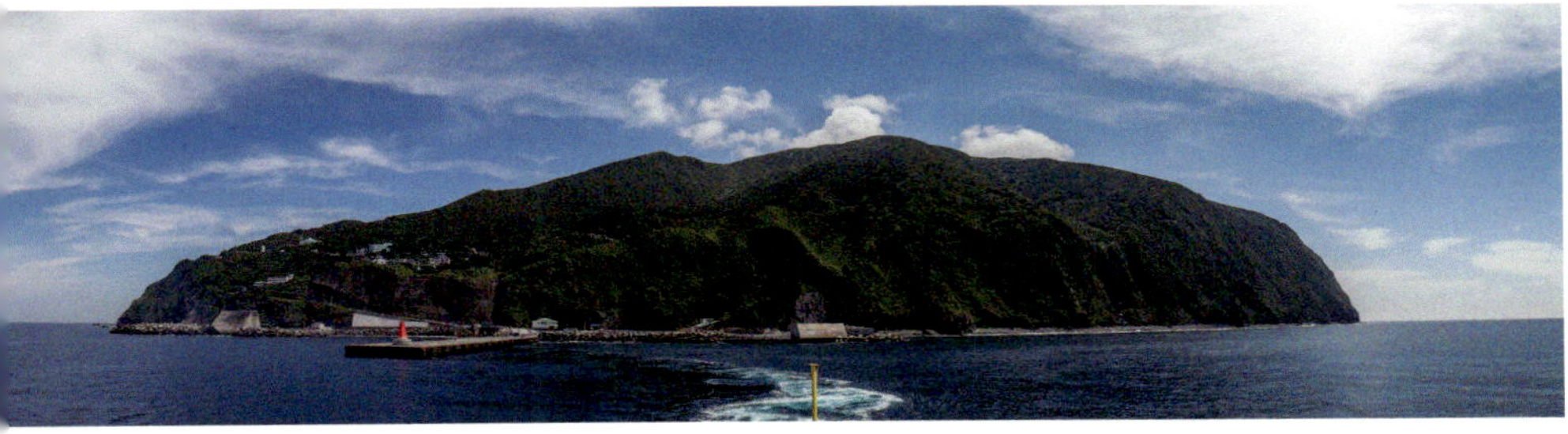

御蔵島全景。崖に囲まれた島だ

という夢も抱きました。

自由に出かけられるような歳になり、イルカと一緒に泳ぐにはどうしたらいいのか調べたところ、日本では東京都の離島である、御蔵島《みくらじま》と小笠原の父島で、イルカと泳ぐ「ドルフィンスイム」ができることがわかりました。イルカと一緒に泳ぐときは、空気を詰《つ》めたタンクを背負って潜《もぐ》るスキューバダイビングではなく、シュノーケルで素潜りをするスキンダイビングで、というルールがあります。これはイルカを傷つけたり負担をかけたりしないようにするためです。

イルカと一緒に泳ぎたい一心でこのスキンダイビングの練習をすることにしました。道具は水中マスク、シュノーケル、フィンの3点です。これを使って自分の息一つで水中に潜っていきます。初めて水中に潜っていったときの興奮は忘れません。海の中には地上と同じように生き物でいっぱいの世界が広がっていて、海の中には海の中の風景もあるなと感じました。深く潜れば潜るほど、新しい世界がありました。海の底の深い青。その底から見上げるきらめく海面は、わたしにとって新しい空でした。その空には今まで見たこともない太陽の光が細かく砕《くだ》けて揺《ゆ》らめき、いく筋もの光芒《こうぼう》がオーロラのように自分を包み込むのでした。身体の力を抜いてその新しい空を見ながらゆっくり浮上するときは、まるで宇宙遊泳をしている気分でした。何度も海で夢中で遊んでいるうちに、息一つで水深15メートル以上潜れるようになりました。

イルカも興味を持って寄ってきてくれる

イルカに誘われた海の世界

東京都、伊豆七島の一つ、御蔵島の周りには約２００頭の野生のミナミハンドウイルカが棲みついています。ここで初めてのドルフィンスイムを体験しその魅力を知りました。わたしたちは小さな船に乗り込んでイルカの群れを見つけ、距離をおいて海に入ります。もし、イルカたちがわたしたちに興味なければそのまま通り過ぎていってしまいますが、イルカたちがわたしたちと遊んでみたいと思ってくれたときは、イルカたちの方から近づいてきてくれます。そのとき、イルカはわたしと目を合わせてくれます。こっちを見てまっしぐらに向かってきて、お腹《なか》を見せたり、わたしの周りをぐるぐる回ってくれたりします。わたしもそれに応《こた》えてイルカと一緒にぐるぐる回ったり、横に並んで泳いだりします。

イルカは海の中で、わたしたちよりはるかに自由です。わたしたちはいつも追い抜かれ、時にはからかわれたり、翻弄《ほんろう》されたり。身一つで海に入れば弱くて小さな存在。それがわたしたちです。

海の中にはイルカたちの生活がありました。子育てをしたり、眠ったり、食べたり、遊んだり。それらを人間を恐れず見せてくれたのが御蔵島のイルカたちです。イルカは世界中の海にいます。ドルフィンスイムを何度も体験して、世界中のたくさんのイルカ

イルカとアイコンタクト。遊ぼうよと誘ってくれる

たちが今もあんなふうに生きているのだなぁ、と想像できるようになりました。これは体験する以前には全くなかった世界観でした。何かを「知る」ということは世界を「広げる」ことなのだなと思いました。

御蔵島に行くとわたしは現地で宿とガイドをされている橋本珠美《はしもとたまみ》さんにお世話になります。昼間は海の中で橋本さんに教わりながらイルカに遊んでもらい、夜は星空を眺めるのを楽しみにしています。東京都とはいえ、都心から約２００キロメートルも南に離れた島なので、空は暗く、月のない夜には満天の星が見られます。御蔵島は周囲が断崖《だんがい》になっていて、その島の大部分は深い森に覆《おお》われています。この島は環境保護の観点から野営は禁止、また、ガイドさんと一緒でなければ立ち入れない場所があります。昼間にガイドの橋本さんに案内していただきながら歩き回って安全な見晴らしの良い場所を見つけ、晴れた夜、そこに連れていってもらいました。

御蔵島にはオオミズナギドリという海鳥が棲んでいて、一晩中その鳴き声が響いています。その鳴き声が巨樹の森にこだまし、イルカの棲む海からは波の音が聞こえてきます。天の川が南の空から天空を大きく渡って北東の空まで繋《つな》がっていました。この全部の景色をどうやって写真に収めようかと昼間に目をつけておいたのが道端にあったカーブミラー。これに反対側の空も映して撮影《さつえい》を始めること30分。ちょうど写していた構図の中に、明るい流れ星が飛び込みました。

海も空も星も、そこに棲むイルカも鳥もそしてわたしたちも、みんな繋がっているんだと感じた素敵な夜でした。

3
想像を超えた何かと出会うとき

何を知らなかったか、旅が教えてくれる

わたしの旅にはいつも目的があり、
十分に調べてから出かけています。
しかし、実際に旅先で出会うものには
驚かされてばかり。
自然について、わたしが知っていることよりも
知らないことの方がはるかに多いのです。
そもそも、自分が何を知らないのかわからない。
だからそれを確かめにいくのが
わたしの旅です。
旅から帰ってくると、
自分が何を知らなかったのかよくわかるのです。
経験や知識が多くなると
驚くことが減るかというと、
全然そんなことはなく、
知識が増えればさらに謎《なぞ》は増え、
多くの経験のその先に

さらに驚くべき事象が待っている。
これが宇宙です。
知っていることが増えると
想像できることも増える。
そして宇宙を知《し》り尽《つ》くしてしまうことは決してなく、
驚きや謎は無限に広がっているのです。
ワクワクしたりドキドキしたりすることも尽きません。

タヒチの海でクジラと泳ぐ

～巨大なザトウクジラとの触れ合い～

想像を超えたクジラウォッチング

御蔵島《みくらじま》、小笠原《おがさわら》、ハワイ。イルカと一緒に泳いだことはあっても、一生のうちにまさかクジラと泳げることがあるとしたら、よほど幸運なことだと思っていました。２０１７年９月、タヒチの離島でそのザトウクジラと出会うことになりました。

南極の海に棲《す》むザトウクジラは、出産と子育てのため、冬の時期に南太平洋のタヒチやトンガの海域にやってきます。タヒチの離島でこのクジラウォッチングができると聞き、どんな様子か見にいくことにしました。

島の小さな港からボートに乗って海へ出るとすぐ、沖にクジラの姿が見えました。ボートをとめて静かにクジラの様子を観察します。20分後、クジラのガイドさんがあのクジラは近づけないと判断したらしく、次のクジラを探してボートを走らせました。これを繰《く》り返《かえ》すこと数回、近づけそうなクジラを見つけたのか、ガイドさんは音もなくするりと海に入り、ゆっくりクジラの方へ泳いでゆきました。かなり先まで泳いだところで、

タヒチの離島で食料の買い出し

タヒチへ持っていった機材

ガイドさんは手をあげました。こちらへ泳いできなさいという合図です。わたしも海へ入り、ガイドさんに言われたとおり、静かに静かにそちらへ泳いでいきました。

ガイドさんが真っ青で底が見えないほど深い海の中を指差しています。その青の中を目を凝《こ》らして見ると、かすかに白い流線型のものが見えました。深く潜《もぐ》っているザトウクジラです。ガイドさんは、クジラは5分くらい潜行《せんこう》した後、息継ぎに海面までやってくるからそれを待つのだ、と言いました。9月のタヒチはまだ冬で海水温が冷たく、海の中で待っているとだんだん身体が冷えてきました。やがて先ほどの白い流線型がだんだんはっきりし、クジラが浮上してくるのがわかりました。

わたしは大きく息を吸い込んで身体をくの字に曲げ、海の中にダイブしました。クジラと泳ぐときもイルカと同様、スキンダイビングです。自分の息がもつだけ海に潜ります。

ザトウクジラはこちらに向かってきました。わたしは潜るのを途中でやめてクジラと対峙《たいじ》しました。海面から太陽の光が射し込んでキラキラと筋状の光芒《こうぼう》がそこら中にあり

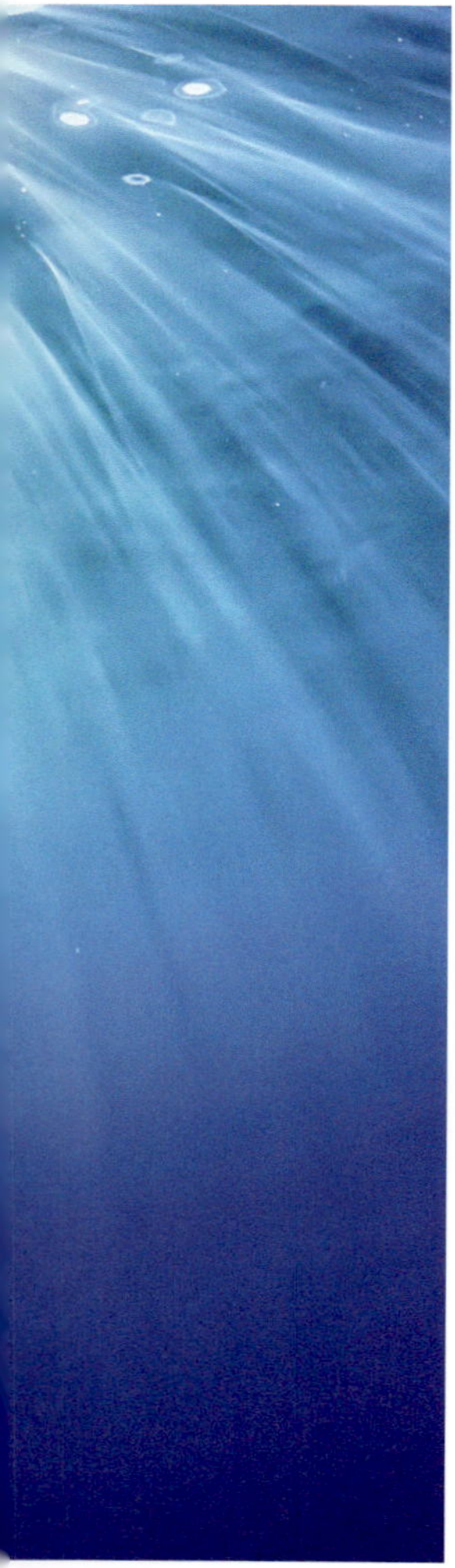

ましたが、その太陽の光が大きなザトウクジラのシルエットで遮《さえぎ》られ、わたしはその影に入りました。わたしの上を体長約8メートルほどのクジラがゆっくり通っていったのです。クジラの歌が聞こえました。呆然《ぼうぜん》とクジラが通り過ぎていくのを見上げていました。その圧倒的な迫力《はくりょく》と寒さで身体が震《ふる》えました。これが最初のクジラとの出会いです。

優しい巨体

二日目に出会ったザトウクジラは島のすぐ近くの浅瀬に来ていました。ガイドさんはすぐに海に入ろうと言いました。後でわかったのですが、このクジラは人と遊ぶためにわざわざ浅瀬に来ていたらしいのです。わたしが海に入ると、とんでもないことが起こりました。体長約7メートルもあるそのクジラが、わたしの方を見てまっしぐらにこちらに向かってくるのです。そう、あの御蔵島のイルカたちのように。しかしザトウクジラはイルカとは桁違《けたちが》いの大きさです。あのヒレや体にぶつかりでもしたら、わたしはひとたまりもありません。

なんとか正面衝突は避《さ》けようとフィン（足ヒレ）をバタつかせて後《あと》ずさりしました。それでもクジラは、歌を歌いながらこちらに向かってくるではありませんか。そしてすれ違いざまにしっかりわたしのことを見ながら、今度はなんとお腹《なか》を見せてゆっくりと回転していったのです。わたしはうれしい反面、あの巨大な体に若干《じゃっかん》の危険を感じて前に出たり後ずさりしたりクジラとの距離をはかっていました。するとさらに驚くことに、

巨体のザトウクジラはあの御蔵島のイルカと同じように、今度はわたしの周《まわ》りをゆっくりと回り始めたのです。わたしはクジラの体にぶつからないようにするのに必死でした。

しばらくするとクジラは遠くへ行ってしまいました。これで終わりかな、と思っていたら、あのクジラが遠くでブリーチ（海面にジャンプ）するのが見えました。そして何度か大きな音を立てていたかと思うと、こちらに戻ってきました。わたしを見つけたクジラはまたしても歌を歌いながら真正面から近づいてきました。今度は後ずさりが間に合わず、クジラにヒレで肩をタッチされてしまいました。

「ひゃー」

わたしは海の中で変な声を出しながら逃げました。

クジラはまた遠くへ戻って跳《は》ね、また遊びに戻ってきました。驚くことにこのクジラは、バシャバシャ暴れたいときはわたしたち人間に危害を加えないように遠くで跳ね、人間と遊びたいときは戻ってきて、優しく接してくれていたのです。

1時間ほど海の中にいると身体がすっかり冷えてしまい、震えが止まらなくなりました。わたしはボートに戻らなければならなくなりましたが、クジラは海の中でまだまだ遊びたそうにしていました。

クジラは走り出したわたしたちのボートの横を一緒に泳いでしばらくついてきました。大きく吹いた潮に太陽の光で虹《にじ》ができました。

この二日間でわたしはクジラに対するイメージがすっかり変わってしまいました。頭の中にあのクジラの歌が聞こえ、こちらを見る優しい瞳《ひとみ》が蘇《よみがえ》ります。海の中には本当にこんな世界があったのかと、ただただ驚きました。

わたしがクジラを見にいったつもりだったのですが、クジラに見られていたのはわたしの方で、わたしは翻弄《ほんろう》されっぱなしでした。自然はあまりに巨大。身一つで冷たいクジラの海に入ったわたしは、小さく限りなく無知で無力な存在なのでした。

メキシコで見た人生初の黒い太陽

~天体直列がつくりだす7分間の光景~

自ら動いてチャンスを拾う

天文の世界に触れて憧《あこが》れていた少年時代、大人になったらとにかく見てみたいと思っていたのがこの「皆既日食《かいきにっしょく》」です。皆既日食はどうすれば見られるのでしょうか。世界中のどこか一箇所、例えば自分が住んでいる場所で皆既日食が起こるのは約500年に一回です。その日が晴れるかどうかも考えると、千年に一度くらいでしょうか。人の一生に比べると絶望的な確率です。その頻度《ひんど》は世界中どこの場所でもあまり変わりません。

では、範囲《はんい》を広げて、地球上どこかで皆既日食が起こるのは、と考えるとこれが約2年に一度になります。自分が移動する、という方法を加えるだけで確率が250倍に跳《は》ね上《あ》がります。これでようやく人の一生のうちに何度かは経験できそうです。

では、どこに行けば見られるのでしょうか。皆既日食が起こるのは月の影が通る帯状の地域（皆既帯）です。日食が起こりやすい特定の地域、というのはなくて、あらかじめ計算できますが、世界のあちこちで無差別に起こります。皆既帯は都市を通る場合も

ありますが、山や海、人が行けないような場所になることもあります。

わたしはこの皆既日食を見にいくにあたって、一生のうちに何度もチャンスがあることを知ってからは、場所選びを慎重《しんちょう》にすることにしました。まず、そこが行きたい場所であるか。日食以外の魅力があれば、日食当日のお天気が悪くても行きたかった場所に行けるだけで素敵な旅になるからです。次に、晴れやすい場所であるか、をよく調べます。日食が起こる日時のその場所の過去何年か分のお天気を調べて、晴れる可能性が高いところに行きます。平均して2年に一回チャンスがありますので、嫌な予感しかない日食には「行かない」という選択もしています。

一直線の奇跡

日食は、太陽が月に隠《かく》される現象です。太陽全部が隠される日食は皆既日食と呼ばれ、太陽の一部分が欠ける部分日食とはまったく違った光景が広がります。皆既日食では暗《くら》闇《やみ》が訪れ、普段は見えない太陽のコロナが肉眼で見えてきます。太陽が完全に隠される直前・直後に見られるダイヤモンドリングも、皆既日食ならではの光景です。日食が起きるのは太陽－月－地球が並ぶ新月のときだけです。しかし新月のたびに日食が起こるわけではありません。月は地球の周《まわ》りを回り、地球は太陽の周りを回っていますが、その軌道面《きどうめん》が互いに傾《かたむ》いているためです。月から伸びる円錐形《えんすいけい》の影が地球上に映るときだけ、太陽－月－観測者の「一直線」が実現し、皆既日食が見られるのです。皆既日食は

一直線の奇跡

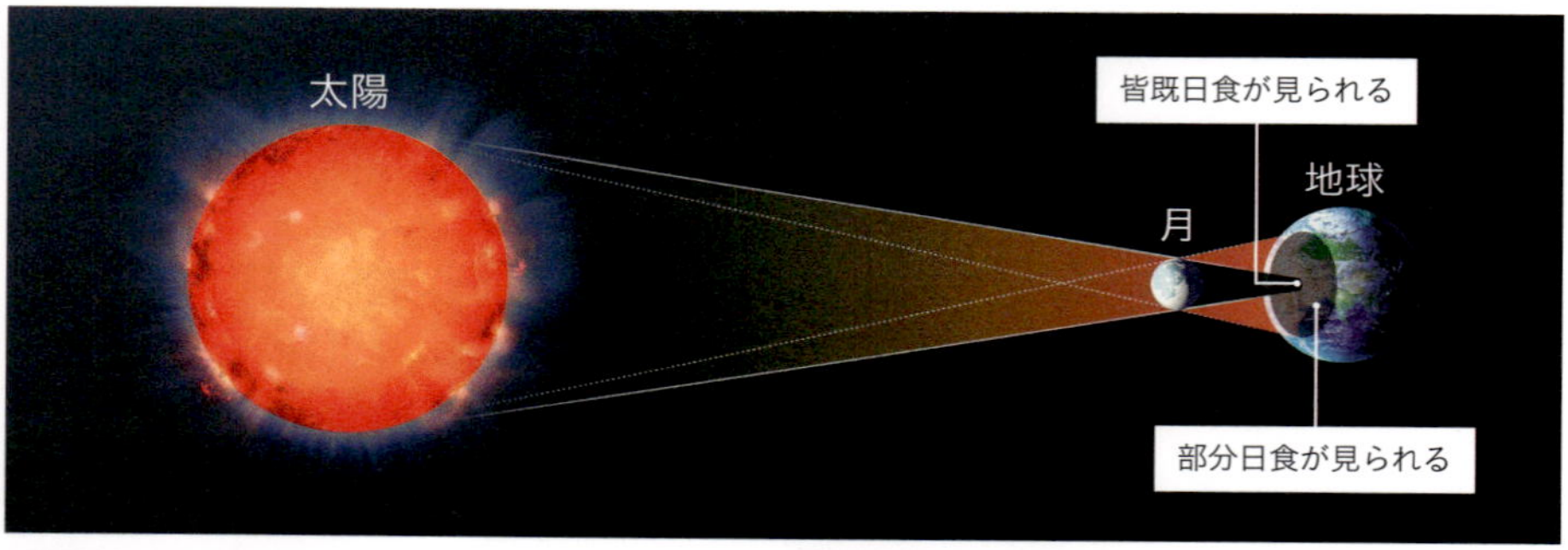

ダイヤモンドリング
皆既の前後、月の凹凸の谷間から太陽光があふれて輝く

太陽のコロナ
皆既日食で空の明るさが落ちたときにだけ見えてくる

400倍の奇跡

太陽の直径
約140万km

月の直径
約3500km

平均的には地球上で1～2年に1回程度は起きていますが、見られるのはごく限られた狭い範囲の中だけです。

400倍の奇跡

太陽と月は、地球から見るとほぼ同じ大きさに見えています。よく考えるとこれは驚くべきことです。太陽は月よりも約400倍も遠いところにありますが、月の約400倍のサイズなので、見た目の大きさがだいたいぴったり一致するのです。距離は少し近いときと遠いときがあり、皆既日食は太陽より月の方が少し大きく見えるときに起きる日食です。逆に太陽の方が少し大きく見えるときは月が太陽を隠しきれず、太陽が環《わ》のように輝く金環日食《きんかんにっしょく》となります。金環日食では夜のように暗くなりません。

月がもう少し地球から遠かったり、直径が小さかったりしたら、金環日食は見られるものの、皆既日食が見えることはなかったでしょう。逆に月がもう少し地球に近かったり、大きかったりしたら、皆既日食が頻繁《ひんぱん》に起こることになります。

この偶然の400倍の一致があったからこそ、わたしたちは皆既日食という一瞬のドラマを体験できるわけです。

わたしが初めて皆既日食を見にいったのは1991年、メキシコでした。このときの体験は30年ちかくたった今でもありありと覚えています。

テオティワカン遺跡にて

メキシコでの日食は真上
バスケットコートに寝転んで見た

皆既帯に入れないかもしれない!

1991年7月、子どもの頃からの念願だった皆既日食を見に、メキシコの西海岸、テピクという街のはずれにあるルイスという小さな村へ向かいました。この村は皆既帯の中にあり、お天気も良さそうな場所だったのです。

日食が起こる前日の深夜、バス2台でメキシコのグアダラハラという都市のホテルを出発しました。翌日正午の観測のため約300キロメートルを走って、朝には観測地のルイスの村に着く予定でした。

ところがバスは皆既帯に入る前に突然停車してしまいました。動く様子のないバスに、車内にも不安の声が上がり始めた頃、運転手さんが白状した言葉に一同啞然《あぜん》としました。なんと昨晩親方に渡されたガソリン代でお酒を飲んでしまい、ガソリンはほとんど買えなかったとのこと。同乗していた親方が運転手さんに激怒しています。バスが止まってしまったのは皆既帯の外で、まだ皆既帯まで100キロメートルも走らなければならない場所でした。皆既帯に入らなければ皆既日食は見られず、部分日食で終わってしまいます。ここまで来てそれでは泣くに泣けません。

しばらくして、運転手さんたちが外に降りて何かを始めました。2台のバスのうちガソリンに余裕のある方から空《から》のバスにガソリンを移そうというらしいのです。どうするのかなと思ってみなで見守っていると、運転手さんはホースを給油口に入れて口で吸おうとしています。

「えええっ⁉ 無理でしょう?」と思っていると、やはり、給油口には網《あみ》があってホースが届かず失敗してしまいました。結局、閉店しているガソリンスタンドの店番の人を無理矢理起こして無事給油できることになりました。深夜のガソリンスタンドに人が寝ていたのは幸運でしたが、深夜に大勢の日本人に囲まれたお店の人はさぞ肝《きも》を潰《つぶ》したことでしょう。

ともかく2時間ほどの遅れで目的地ルイスの村に着いたのでした。ところが、観測場所の手前、最後の最後になって、焦《あせ》った運転手さんが強引に突っ込んだ泥沼《どろぬま》に、バスは2台とも見事にはまって立《た》ち往生《おうじょう》してしまいました。またも激怒する親方……。

でも、もう皆既帯に入っているので大丈夫。その様子を笑って見ながらわたしは泥沼にはまったバスを脱出し、無事に観測場所に到着しました。

このときの教訓として、どんな時、どんなトラブルが起きてもおかしくないのだから、皆既帯には前日のうちに入らなければと胸に刻んだのです。

一瞬の夜がやってくる

わたしたちの観測場所はルイス村のバスケットコートでした。雲がちらほら見えるものの、おおむね青空が見えています。三脚にカメラをセッティングしたり準備をしたりしていると、村の人たちが見物に出てきました。日本人を見るのは初めてだそうです。

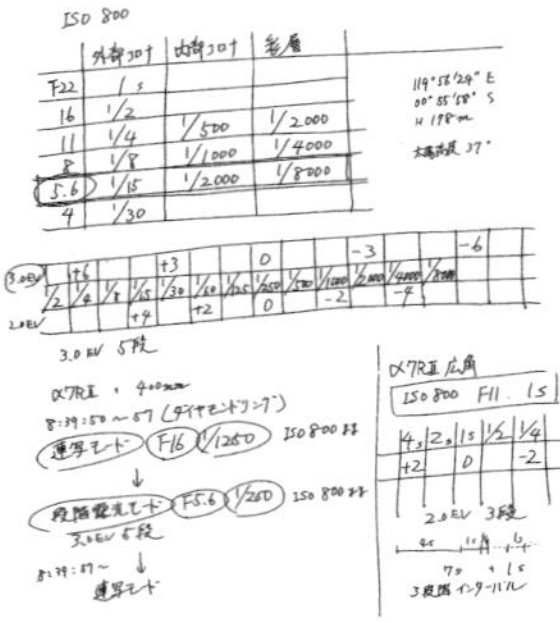

日食撮影のカメラ設定メモ

日食の始まりの時刻になりました。丸い太陽が月に隠され始める瞬間は、体感的には全く何の変化もありません。メキシコの夏の太陽はほぼ真上からギラギラと照りつけていました。太陽を直接目で見ることはできないので、日食グラスという太陽の光を弱める専用のフィルターを通して見ることになります。それで見ても始まって数分後にやっと少し欠けてきたかなというのがわかる程度です。太陽が1時間あまりかけて徐々に月に隠されていく部分日食の間、ほとんど地上に変化はありません。

それが約1時間後、90パーセント以上欠けたあたりで明らかに異様な雰囲気に包まれました。晴れているのにあたりが薄暗くなり、あんなに暑かったのに気温も急激に下がってきます。そして月の影がやってくる西の空が薄暗いことに気がつきました。こんな空、初めてです。地球に落ちた月の影の直径は約３００キロメートル。この影が時速２０００キロメートルを超える猛スピードでこちらに向かってくるのです。

誰かが、「金星が見える！」と叫びました。空を探すと、太陽の東に星が見えました。西の空はもう本当に暗くなってしまって、その小さな夜がますますこちらに迫《せま》ってくるのがわかりました。皆既まであと30秒。その暗くなった西の方向からびゅっと涼しい風が吹いてきました。わたしはもうドキドキしてしまってあたりの様子を見るのに精一杯でした。日食グラスで太陽を見ると、もう糸のように限りなく細くなってしまった光の円弧《えんこ》が見えました。

あと、10秒！

日食グラスを外すと、肉眼でもう微かにコロナが見え始めていました。太陽の最後の輝きがどんどん弱まり、逆にコロナが大きく広がっていくように見えました。ダイヤモンドリングと呼ばれる瞬間です。月の表面には山や谷があるため、地球から見て完全な円ではありません。皆既の前後、その凹《へこ》んだ部分からもれる太陽の光を輝くダイヤに見立て、月の周りに輝き始める太陽のコロナをリングとした、ダイヤの指輪が見えるわけです。ダイヤは一つの場合もありますし、いくつか見えることもあります。

西空にあった小さな夜は一気に空を覆《おお》い、もはや全天に広がっていました。星がいくつも見えています。その一角に大きくコロナを広げた黒い太陽がまるで空に開いた穴のようにぽっかり浮かんでいます。太陽は月に完全に隠されたので、もう日食グラスを使う必要はありません。肉眼でじっくり見ても大丈夫です。

普段空高く輝く太陽を肉眼で見ることは、目を傷《いた》める危険があるのでできませんし、まして双眼鏡で覗《のぞ》くことなど決してやってはいけないことです。これは皆既日食のときだけできる特別なことなのです。

わたしは震《ふる》える手で、用意していた双眼鏡をコロナに向けました。そこには息を呑《の》むような光景がありました。コロナは真珠色に輝き、四方八方に繊細《せんさい》な流線を広げていました。月の縁《ふち》のコロナはいっそう明るくなっていてそのところどころにルビーのように鮮やかな赤いプロミネンスが見えていました。生まれて初めて見る光景にまるで時が止まったような感覚になりました。いつまでも見ていたいと思いましたが、今回の皆既の時間は7分間。それで終わってしまうのです。

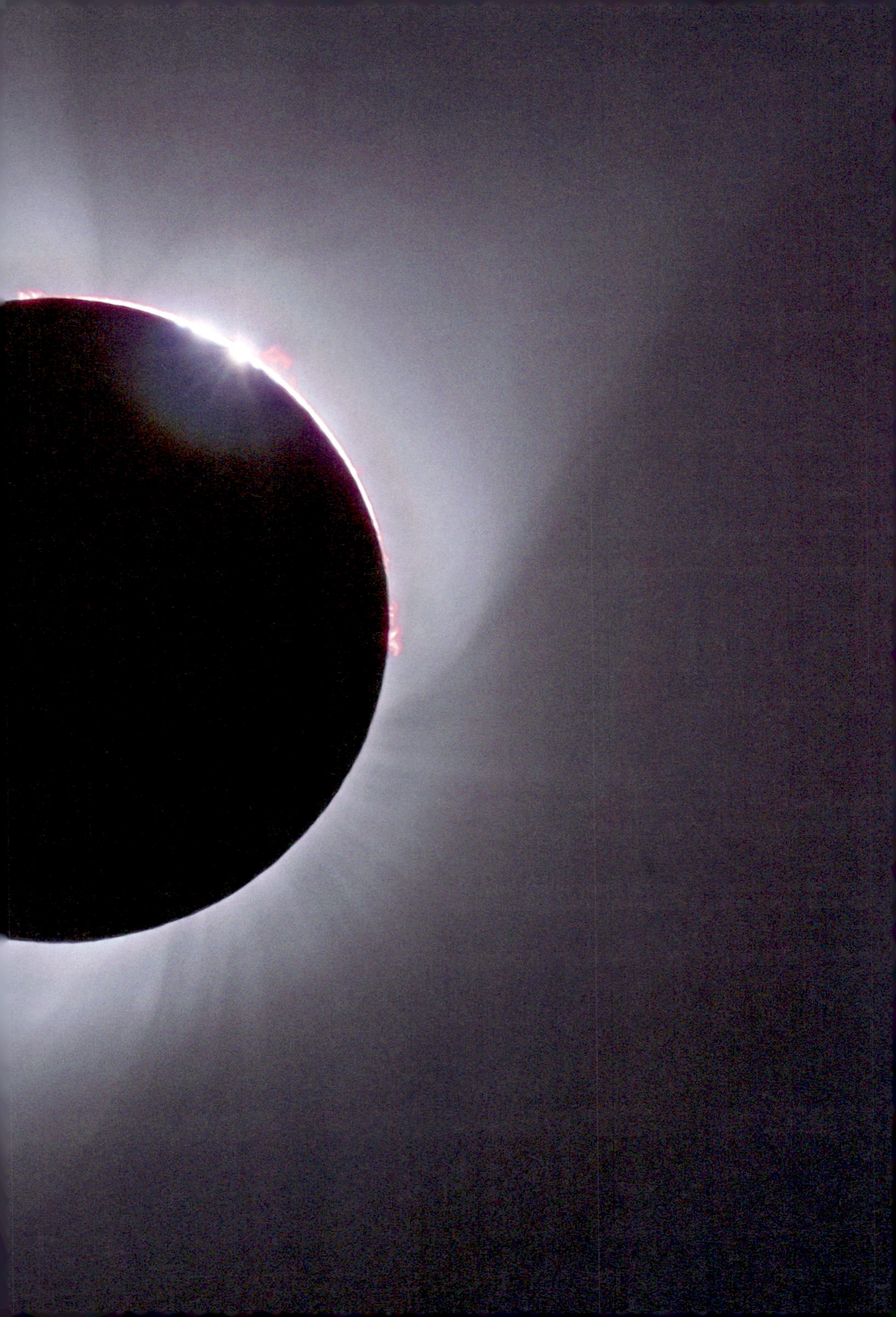

双眼鏡を置いてあたりを見回しました。水平線の近くの空は360度ぐるっと夕焼けのようにオレンジ色になっていました。

「今、わたしは月の影がつくった小さな夜の中にいる。

そこからは星もコロナも見える。

普段、昼の青空の中に溶けて見えない星もコロナも、月をかざして太陽の光を遮《さえぎ》れば全部見えるんだ」

そんな実感が生まれて初めて湧《わ》いたのでした。

「あと30秒！」

誰かが叫んだ声に我に返りました。

西の空はすでに明るくなっていました。コロナの縁の一点から光がもれ、あふれるように光が増して眩《まぶ》しくなりました。再び数秒間のダイヤモンドリング。これが皆既日食の終わりです。

その場にいたみんなの歓声がバスケットコートに響きました。

泥沼にはまったバスをトラクターで引き上げて助けようとしてくれていた村の人たちも、みんな空を見上げていました。

これがわたしが初めて皆既日食（1991年、メキシコ）を体験したときの様子です。
それからも、
1999年　トルコ

２００３年　南極
２０１０年　イースター島
２０１６年　スラウェシ島（インドネシア）
２０１７年　アメリカ

と、皆既日食を追う旅を続けてきました。

皆既日食は太陽、月、地球という天体が直列することで起こります。「見る」というより「その場で全方位に起こる現象を体感する」ことができる壮大な現象でした。

地球上のある一箇所にとどまっていては一生に一度も出会えないような素晴らしい体験も、自ら狙《ねら》って動くことで出会うチャンスが生まれる。これは他のいろいろなことにも言える真理なのではないかと、皆既日食を追うたびに思うのです。

アイスランドの妖《よう》精《せい》

～火山とオーロラの島を巡《めぐ》って～

アイスランドの子どもたち

大地が生まれる場所

一生に一度、オーロラを見てみたいという方には2～3月のアラスカ、カナダが晴れやすいのでお勧《すす》めです。わたしもオーロラを最優先にする旅行では、アラスカかカナダに出かけます。

それに比べると北欧は統計的に天気があまり良くないようです。ヨーロッパの西に位置する島国アイスランドは、暖流である北大西洋海流の影響で、真冬でもアラスカなどに比べると過ごしやすい。しかし雲も湧《わ》きやすく、オーロラや星空が見えるかどうかは心配があります。

そのお天気が安定しないアイスランドに撮影《さつえい》に行くことにしました。アイスランドにはお天気の不安を吹き飛ばすほどの独特で見事な景色があるからです。

地球の表面はいくつもの「プレート」と呼ばれる平たい岩盤《がんばん》で覆《おお》われています。わたしたちも海もそのプレートの上にのっているのです。プレートは海嶺《かいれい》と呼ばれる海の中

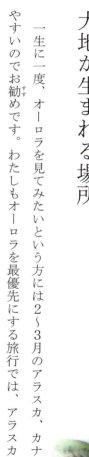

の山脈で生まれ、ゆっくり動いています。北大西洋の島国アイスランドはその海嶺がたまたま海面から顔を出した、世界でも珍しい場所で、プレートが生まれつつある現場を直接見ることができるのです。その荒々しい大地の裂《さ》け目《め》や火山が連なる姿を想像しただけでも、わたしはゾクゾクしました。さらに極北の地域ならではの氷河やオーロラまでも同時にそこにあるのですから、想像をかき立てられます。あそこへ行ってこんな写真が撮《と》りたいなと、風景と天体とを組み合わせた画《え》が次々に浮かびました。

２０１３年８月下旬、アイスランドの自然とオーロラを撮影するため２週間あまりの旅に出かけました。北半球の８月といえば夏。夏にオーロラが見られるのかと疑問に思われるかもしれません。オーロラ自体は季節に関係なく一年中発生しています。ただ、オーロラの光は淡いものなので、空が明るいと見ることができません。緯度《いど》が高いアイスランドやアラスカですと、６月の夏至《げし》を挟《はさ》んだ４月中旬〜８月中旬の約４ヶ月間は真夜中の時刻になっても空が完全に暗くならず、オーロラが非常に見えにくい時期になります。

アイスランドでは８月下旬になると真夜中には暗くなりますが、夜は短い。したがってオーロラや星空に会えるチャンスは少なくなります。それでもこの年、夏の終わりに出かけようと思ったのは、

・大地を覆うコケの緑がまだ美しい時期であること。
・暗い夜が３時間ほどあり星やオーロラも狙《ねら》えること。
・月明かり（風景を照らす自然の照明）があること。

スコガ滝に現れた月虹（げっこう）

の条件が揃《そろ》ったからでした。そして満月を含《ふく》めた日程にしたのは、滝で月虹《げっこう》の撮影に挑戦したかったからです。月虹とは、月の光でできる夜の虹《にじ》のことです。島南部のスコガ滝は南を向いていて、極北アイスランドの低い満月があれば虹が出るのではと思いました。そこにオーロラが出たら、まさにミラクルショットです。滝のすぐそばに宿をとって、夜を待ちました。

滝は大きな音をたてて周囲に水しぶきを撒《ま》いていました。やがて雲間から月が顔を出すと、月光がその滝の全貌《ぜんぼう》を照らします。すると滝の傍《かたわ》らにうっすらと弧《こ》を描くように淡い光の筋が浮かび上がりました。月虹です。想像どおりの光景に思わず「やった！」と声をあげました。たくさんの写真を撮り、あとはオーロラが出れば！と期待して待っていました。しかし、そこまではうまくいかず、薄雲が広がって虹は消えていきました。そして天候が回復する前に短い夜が終わり、あっという間に夜明けを迎えてしまいました。

道無き道を進む

あらかじめわかっていたとはいえ、夜が短いことがこの旅の悩みの種になりました。2週間もあれば星やオーロラは十分に撮影できるだろうと思っていましたが、やや甘かったようです。アイスランドの天気は非常に変わりやすく、一日のうちに曇《くも》りと雨と晴れがやってきました。3時間しかない夜の晴れ間は貴重で、よほど運が良くなければそ

橋のない川を一気に渡る

の短いチャンスにオーロラの舞は見られないと思われました。

オーロラが見えないまま何日もが過ぎていきました。今回オーロラがとらえられなかったら、旅の目的が半分達成されなかったことになってしまいます。このままではまた冬に来なければならない、と少し焦《あせ》りが出てきました。その一方で日中の撮影は順調に進みました。夜が短い分昼が長いので、撮影チャンスも多いのです。雨が降っていても待っていればそのうちに日が射してきます。アイスランドの並外れた自然。むき出しの惑星《わくせい》の姿を撮影していきました。

移動のレンタカーは車高の高い四輪駆動車。昼は現地ガイドをお願いした山形さんに運転していただきました。国道を外れるとでこぼこの砂利道が続きますが、かなりのスピードで進みます。島とはいえ北海道より大きいので、効率よく移動しなければ目的地にたどり着きません。

様々な色の岩石でつくられた台地と崖《がけ》。それがコケの鮮やかな緑に覆われて目に眩《まぶ》しく、まるで絢爛《けんらん》な模様《もよう》を編んだ絨毯《じゅうたん》の上を進んでいるようです。

行く手に川が現れました。進んできた道は川の中に入る形で途切《とぎ》れていてそこに橋はありません。川岸に車を止めて山形さんは水量を確かめ始めました。そして問題ないと判断すると、そのまま車で川に入り、横断し始めました。いったん川に入ったら途中で車を止めてはいけません。流されてしまう可能性があるからです。勢いをつけてそのまま渡り切ります。このように道無き道、何本もの川を渡って旅は続いていきました。このような場所では山形さんのような現地に詳《くわ》しいガイドさんに頼ります。わたしでも運

プラネタリウム用の映像を撮影

ヘリコプターでの空撮

転できそうなところを見つけたら夜、そこへ行って星を撮ることもします。

妖精伝説

アイスランドは世界でも有数の火山地帯。島のほとんどがまだ比較的新しい溶岩で覆われています。その溶岩がつくりだす不思議な景観がしばしば見られます。穴や塔《とう》、人や獣《けもの》の形に見えるもの、など。

アイスランドには「夜の巨人」の話があります。夜の間に歩き回っていた巨人が朝日を浴びると石化して動かなくなるというのです。本当に石化した巨人のように見える岩が林立している場所がありました。また、アイスランドはこの現代でも妖精《ようせい》の存在が広く信じられている国です。確かに溶岩の洞穴《どうけつ》、柱状節理《ちゅうじょうせつり》の壁《かべ》などのとても不思議な地形は、いかにも妖精が棲《す》んでいそうに見えました。

この島で特に訪れてみたい場所がありました。人類史上最大の噴火があったラーカギーガル火口群です。18世紀の噴火で世界の気候を変えたともいわれるラーカギーガル火口群は、26キロメートルにわたって約１３０個もの火口が連なる凄《すさ》まじい火山群です。丸一日かけてそこへ行ってみることにしました。ここは実に不思議な景観です。台地が盛り上がってばっくり割れ、溶岩が噴出した当時のまま冷えて固まった小山が列をなして連なっています。その上を柔《やわ》らかな緑のコケが鮮やかに覆っています。

いくつも空《あ》いている穴は火口。山形さんに案内していただき、その一つに入ってみる

ことにしました。割れ目噴火のあとが深く広い空洞になっています。まるで何かが棲んでいる小部屋のよう。妖精か小人がそこにいるという話が当然と思えるような世界。妖精の小部屋の中でなんとも不思議な気持ちになりました。

火口群から車で数時間走り、なんとか暗くなる前に街に戻ることができました。電波も届くようになっただろうと携帯電話を取り出そうとして、あっ、とそれをなくしたことに気がつきました。あの火口群の洞窟《どうくつ》に入ったときにだいぶ無理な姿勢をしたので、

ラーカギーガル火口群を小型のクレーンで撮影

妖精の庭

落としてしまったに違いありません。6年ほど愛用していた携帯電話で、それまで携帯電話をなくしたことも落としたこともなかったのですが……。

ふと、アイスランドの人たちは妖精を敬っていて、妖精のすみかに近づくことがあれば、お邪魔《じゃま》しますと挨拶《あいさつ》しているという話を思い出しました。もしあの洞窟がその妖精のすみかであったなら、わたしは挨拶もなしにずけずけと踏み込んだことになります。そして妖精にいたずらされて携帯電話をとられた、と。そう考えれば合点がいくなぁ、などと少し面白く考えて、もう携帯電話のことは諦《あきら》めました。

妖精の庭

その夜は宿の近くの「妖精の庭」と呼ばれる場所でオーロラを待つことにしました。そこは湖のほとりで、野花が咲き乱れ、小さな家のような岩が点々と立っていました。

「今夜一晩撮影でお邪魔します」

今度は丁寧《ていねい》に妖精さんたちに挨拶をして、その場に入りました。

北西の空にまだ薄明が残っているのに下弦《かげん》に近い月が昇ってきました。そしてついにその湖上、空いっぱいに光のアーチがかかりました。アイスランドに来て10日間も会えなかったオーロラが、ついに目の前に現れたのです。夢のような光景を前に手が震《ふる》えていました。静かな湖面に映るオーロラが妖精たちの舞に見えました。「ありがとう」と妖精たちに向かって自然につぶやきました。

妖精の庭に現れたオーロラを撮影する

アイスランド滞在中は晴れたり曇ったり、やきもきする天気が続きましたが、後から振り返ってみれば毎日たいへんいい天気でした。わたしにとっていい天気とは快晴ではなくて、千変万化する空なのです。アイスランドで出会った空は、雲が流れ日が昇り、みぞれの後の星と霜《しも》。オーロラと月が入れ替わり現れる究極の天空劇でした。

生まれたばかりの地熱冷めやらぬ大地で、地球の鼓動《こどう》を感じながら見上げたアイスランドの空。これまで知らなかった惑星地球の姿をまた一つ感じることができました。次にここを訪れるときには、いったいどんな空が見られるのでしょう。

大自然の中に身を置くと、自分の弱さも本当に見たいものもあらわになります。そんな中で出会う不思議な空気の場所。ここには妖精がいるぞ、というのがわかるようになってきました。そこに本当に妖精がいるわけではないのでしょうが、そこは運、不運が顕著《けんちょ》に出やすい場所。撮影で言えば危険と絶景が隣り合わせであるというふうに。例えば嵐の中で虹が出るように。

そんなところでフッと気が緩《ゆる》めば、大きな痛手を被《こうむ》ることもあります。都市に住めば様々な文明の盾《たて》が人間を守ってくれるけれど、大自然の中に一歩踏み込んだら、自分の身は自分で守るしかありません。恵みがあったとしてもそれはわたしのために用意されたものではなく、たまたま歩き回っているうちに出会った幸運で、ただそこで生かしてもらっているにすぎません。

妖精に挨拶をするということは、自分自身の身を引き締《し》め、潜在意識《せんざいいしき》の自分にも注意を呼びかける、ということなのかもしれません。

何も願わない。ただ挨拶をするだけです。

自然に何か要求するのはおこがましいことなのかもしれません。自然は驚くほど冷徹《れいてつ》で、決してわたしを選んで何かを与えてくれたり、守ってくれたりするはずはないのですから。

この旅からわたしは、訪れた先に妖精の庭を見つけたら、必ず挨拶をして入るようになったのです。

とことんやりたいし、やらずにはいられなかった

幼少期から変わらない自分

小学生の頃、虫を採《と》るのが好きでした。友達と示し合わせて一緒に採りに出かけました。雑木林の中に入り、カブトムシがよくいるポイントの木を毎日巡《めぐ》りました。カブトムシは夜行性で昼よりも夕方からの方がよく見つかります。わたしは暗くなっても探し続けました。友達は一人帰り、二人帰り、最後にはいつもわたし一人になっていました。わたしは一人になっても虫採りを続けていました。やがて、真夜中や明け方にカブトムシがよくいることがわかると、そんな時間に起きて一人で採りにいくのが日課になりました。

その他の遊びでもそうでした。プラモデルを作ったり、星を見たり、最初は仲間と一緒でも最後はいつも一人になっていました。

もちろん仲間と一緒に何かをやるのは楽しかったのですが、とことん追求しようと思ったことは自然と一人でやるようになりました。

中学生になり、貯《た》めていたお年玉をはたいて初めて自分のカメラを買い、天体写真を

撮《と》るのに夢中になりました。愛読書は『天文年鑑《てんもんねんかん》』という本で、常に持ち歩いていました。これは毎年刊行される、天体現象の時刻表のようなもので、毎日星空で起こる現象が書いてあります。学校から帰ると暗くなるのを待って夜空の写真を撮り、すぐに撮りたてのフィルムを薬品を使って自分で現像しました。家族が全員お風呂に入り終わるのを待って、お風呂場を暗幕で覆《おお》って暗室にし、現像したてのフィルムからプリントする作業に入ります。現像液の入ったバットの底で印画紙に浮かび上がる星空や月のクレーターにドキドキしました。プリント作業は未明まで続き、時には家族が起き出してくる朝になってようやく終わることもありました。

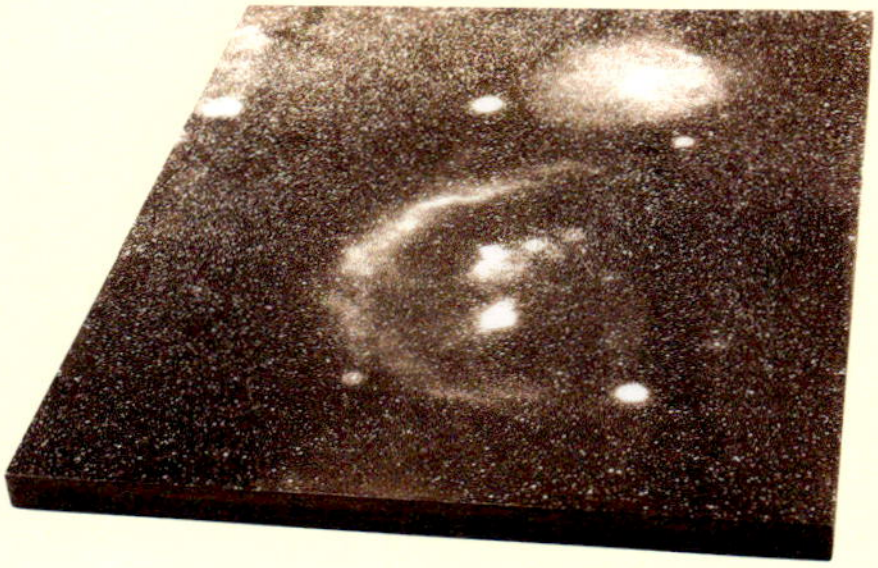

高校時代、オリオン座を大伸ばししたパネル

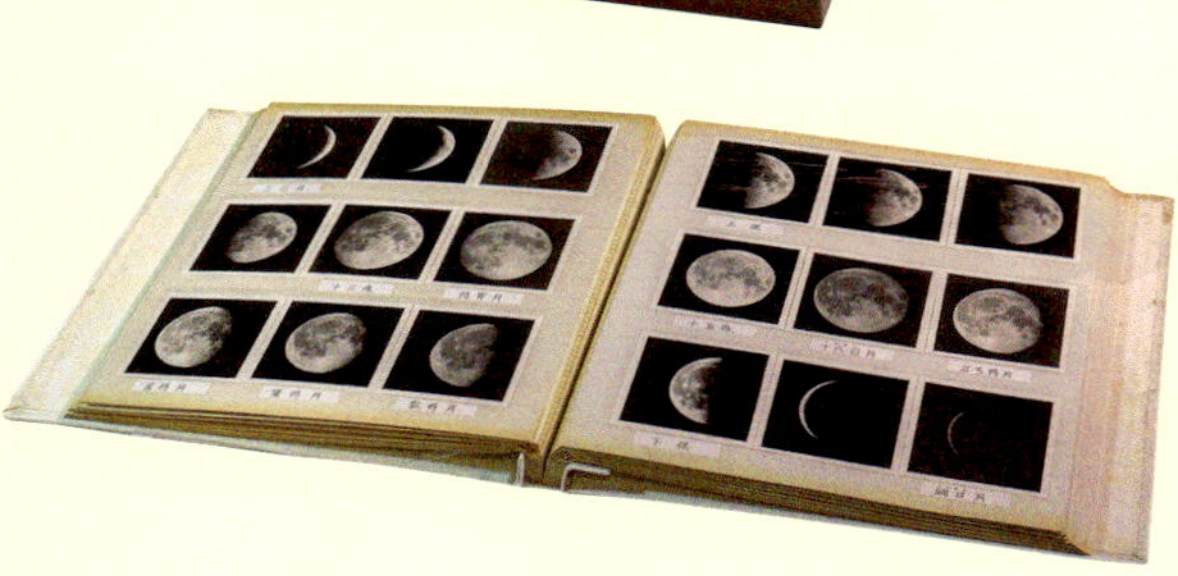

高校時代、月の満ち欠けを追って撮った写真

虫のことも星のことも、両親には何も言われませんでした。怒られることも褒《ほ》められることもありませんでした。なんでも好きなことを好きなだけやらせてくれた両親のおかげで、わたしの少年時代は夢中で過ごした素晴らしい思い出でいっぱいです。

また、何かに挑戦してうまくいかなかったとき、一番やる気が出ました。例えば、プラモデルの色塗《いろぬ》りに失敗すると、お小遣いを貯めてもう一つ同じプラモデルを買い、一からやり直してみました。また、星の写真を撮ったフィルムの現像に失敗した日、再挑戦したくて夜が待ち遠しくてウズウズしていました。このようなとき、他のことは全く眼中になくなってしまいます。うまくいくまで何度もやり直したくなります。

うまくいかないことの悔《くや》しさがものすごいパワーになる。今でもそれは全く変わっていません。お天気が悪くて目的の写真が撮れなかったりすると、撮れるまで何度も同じ場所に通ったりしています。CGの制作でも困難があるときは眠る気にもなれず、とことんやらずにはいられなくなります。

何かを創るとき、次々と問題が発生します。それを一つひとつ解決していかなければ作品は完成しません。工夫を凝《こ》らしたり、新しい道具を揃《そろ》えたり、根気よくやり直したり。没頭《ぼっとう》するのはいつもそんなときです。

仕事となると、この性格はあるときものすごいパワーになる反面、つまらないことにこだわって大きな前進を妨《さまた》げることになることもあります。趣味の作品は必ずしも完成させなくてもいいのですが、仕事では完成させなければいけません。よく助けになるの

は、わたしのスタジオで一緒に制作をしている貴希《たかき》さんをはじめ、バランスよく物事を判断できる仲間の意見でした。問題解決に没頭するあまり、大局を見失っていないか、全く他のアプローチはないのか、客観的に見てくれる人と話をして気がつくことがたくさんありました。

何か目的の写真が撮れたとか、長期間制作していた作品が完成したときに、祝杯をあげるような気分になるかというと、わたしはそうではないのです。成《な》し遂《と》げた喜びもうやむやのまま、また次のことをいそいそとやり始めてしまうのです。「完成」とは、創る作業が「終わる」ことで、ひどく寂《さび》しい。結局、わたしが本当に好きなのは、何かを追っているとき、道具を揃えて準備をしているとき、初めての道へ向かうとき、問題を解決しているとき。そのあたりなのかもしれません。

両親はそんなわたしを知っていて、子どもの頃何も言わずにとことんやらせてくれたのかもしれません。

子どもの頃と少し違い、最近は、とことん付き合ってくれる仲間にも恵まれました。大きなCG作品にかかるときや極地へ撮影《さつえい》旅行に出るときに、心から信頼できる仲間がいることはたいへんな勇気になり、やる気にも繋《つな》がります。

両親と仲間に感謝しつつ、これからも何かを追い続けていきたいです。

4
宇宙の刹那《せつな》の中で

変わって
いくことは
美しい

万物《ばんぶつ》は流転《るてん》して
ひと時もとどまることはありません。
咲いた花は必ず散ってしまいます。
物悲しい気もしますが、
わたしにとってはその変化こそが魅力なのです。
写真はその一瞬を切り取って
時間を封《ふう》じ込《こ》め、
誰かに贈ることができます。
桜の季節が終わると
紫陽花《あじさい》、蛍《ほたる》、ひまわり、紅葉《もみじ》、雪……。
一年が駆《か》け抜《ぬ》けてゆき、
再び桜の季節が巡《めぐ》ってきます。
再び巡ってきた季節は
かつて見たものと同じでしょうか。
いえ、そこにはいつも新しい出会いがあります。
だから追い続けるのです。

咲いた桜に雪が降り積もる。会うはずのない幻の共演

棚《たな》田《だ》の上の一本桜

～桜前線を追って～

咲き始め

変化して一瞬輝く姿に惹《ひ》かれ、それを追って考えたことがあります。

季節は場所を移動すればある程度、飛び越したり後戻りしたりできる。

例えば、桜前線の北上に合わせて自分も南から北へ移動すれば、ずっと満開状態なのではないか。それを実行した２０１６年。移動して季節のいいとこどりをする作戦は逆に翻弄《ほんろう》され、また思いもよらぬ桜との出会いをもたらしました。


その年の初桜を撮《と》るのは高知にしようと思いました。南国高知と言われるくらい暖かで、桜も真っ先に咲くだろうと思ったのです。高知県の桜について調べていたところ、ある棚田《たなだ》の上に咲く一本桜が目にとまり、その桜に会いにいきたくなりました。

遠方への撮影《さつえい》は飛行機で目的地最寄《もよ》りの空港まで飛び、そこでレンタカーを借りて行きます。

事前にその場所の地図をよく見て、想像を膨《ふく》らませて構図まで撮影計画を立てます。

ですから、初めて行く場所でもどこか知っているような、そんな感覚になります。高知空港に着き車を走らせると道端の桜はどれも満開で、期待が膨らみました。

あのカーブを曲がればあの桜が見えるはずだ。

山あいにひっそりと咲くその一本桜はまだ実際に見たことはなかったけれど、思ったとおりそこにありました。けれどまだ少し時期が早かったようです。三分咲《さんぶざ》きといったところでしょうか。その棚田の頂《いただき》に立つ姿が魅力的で、これが満開になった夜、星空とともに見られたら、と心が躍《おど》りました。

わたしは出直すことにしました。その間、開花情報を元に埼玉、奈良、と移動して桜を追いました。奈良の又兵衛桜《またべえざくら》という見事な古木を撮影しながら天気予報を見ると、ずっと晴れなかった高知が明日夜久しぶりに晴天になりそうだということで、翌日伊丹《いたみ》空港まで車で移動し、高知空港へ飛ぶことにしました。

高知に着くと、予報どおり晴れていましたが大変強い風が吹いていました。そして空港でレンタカーを借りて走っていくと、前回満開だった街の中の桜の花が全く残っていないのです。この強風ですっかり散ってしまったようです。わたしは焦《あせ》りました。あの棚田の桜も散ってしまっているのではないか。

一本桜との一夜

夜通しの撮影になるのでコンビニエンスストアで水と食料の買い出しをして、山に向かいます。山の途中にあった桜もすべて花を散らし、花びらは全くついていません。遅すぎたのです。とはいえ今朝まで高知はずっとお天気が悪く、雨も降り、どのみち今年は花と星を撮るチャンスはなかったのだ、と諦《あきら》めました。それでもあの桜を見にいってみよう、と山道を登っていきました。

あのカーブを曲がればあの桜が見える。

棚田の上に咲く桜。
冬の大三角を先導する月が照らす

棚田の上に立つあの一本桜が見え、わたしは目を疑いました。そこには花をつけた桜が強風に吹かれ、あふれるほどの花びらを散らしている姿があったのです。

「待っていてくれた……」

でも、風は容赦《ようしゃ》なく吹きつけ、花びらはどんどん散っています。

「星が出るまで花は持つだろうか」

夜まで何時間もありましたが、わたしはそこで見守ることにしました。

あんなに青空に花びらを撒《ま》いていたらすぐ全部なくなってしまう、と思いましたが、不思議なほど花は減らず、持ちこたえているように見えました。しかし夕暮れまで何時間も強風が吹き続け、来たときに比べて半分以下にまで花は減ってしまったように見えました。

星が出始め、わたしは狙《ねら》っていた構図で写真を撮り始めました。春の宵《よい》に沈むオリオンと月光に照らされた一本桜。そして夜が更《ふ》け、月が沈んで天の川が昇ってくるのを待ち、天の川と星明かりに照らされた一本桜。夜の間も風は吹き、明け方にはついに桜の花はほとんど散ってしまいました。

桜と対話したような一夜でした。

桜の木、特に一本桜は何かが宿っているような気がすることがあります。この桜はわたしに散り際を見せてくれようとしてわたしを呼んだのではないかと思いました。また来年、きっと来ますから。そう挨拶《あいさつ》して山を下りたのでした。

戻れない光景

東京へ向かいながら、あの一本桜の下の棚田にはいつ水が入るのだろう。棚田の一年とともに桜の木を撮影して再び満開の日まで一年を追って撮れたらいいな、と考えました。5月には代掻《しろか》き後の水鏡になった田んぼに一本桜が映る光景。夏には青々とした稲に囲まれた一本桜、秋には棚田が金色《こんじき》に染まり、晩秋には干《ほ》した稲《いね》の束と夕日。そんな一年を組写真や映像にまとめたら素敵だなと考えました。ワクワクしてきたわたしは棚田に水が入りそうな頃合いをみて、また高知へ出かけることにしました。

約1ヶ月後、三度目の高知の一本桜です。棚田の上に葉桜が立ち、棚田に張られた水にその姿が映っているという構図を狙います。

あのカーブを曲がれば、棚田が……、あれ？

棚田には水が張られていませんでした。早すぎたのかな？

農作業をしている方が見えたので、いつ頃水が入るのか尋《たず》ねました。すると、ほとんどの田はもう稲を作るのをやめてしまい、今年も一部しか稲作をやらないとのこと。全部の棚田で稲を作っていたのは10年前まで。それ以来どんどん畑にしてしまっているというのです。

わたしが追ってきた光景は、もう10年も前に失われたものだったのです。

桜前線は自分が動けば追い越したり後戻りしたりできますが、10年の月日を遡《さかのぼ》ることはできません。わたしにできるのは、今、目の前で一瞬の輝きを放ったその姿を焼き付けること。それが消えてしまう前に。

翌年、あの散り際の一本桜と星を撮った同じ日の夜、わたしはまたあの桜のところにいました。

風もない静かな夜、誇《ほこ》らしげに咲く満開の一本桜を、一晩ゆっくり撮影したのでした。

パタゴニアに雲を追って

～風と山々がつくりだす雲の博物館～

変幻自在《へんげんじざい》の雲への憧《あこが》れ

夜空の撮影《さつえい》をしていると、しばしば雲が湧《わ》き出《だ》して星を隠《かく》してしまうことがあります。こんなときも実はチャンスです。雲が良い具合に構図になることもあるからです。次々に形を変え、変幻自在《へんげんじざい》に流れる雲を見ていると時を忘れてしまいます。

２０１６年に南米のアルゼンチンとチリにまたがるパタゴニア地域に滞在しました。パイネ国立公園の中に、氷河に削《けず》られて尖《とが》った山の下に広がるターコイズブルーの氷河湖があります。なぜこのような色をしているかというと、氷河によって削られた岩石の微粒子《びりゅうし》が湖に溶《と》けているからなのです。この鮮やかな景色の中、湖の島にある宿で３日間を過ごしました。

パタゴニアは風が強いことで有名です。周囲を見渡すと、生《は》えているほとんどの木が斜《なな》めに傾《かたむ》いていることに気づきます。ずっと強風に吹かれる中で育つので、木々はまっすぐ生えることができないのです。

パタゴニアのレンズ雲群

パタゴニアの夜空。逆さのオリオン

そんな強風と山のおかげで、パタゴニアの空はまるで雲の博物館でした。高く尖った山々に強風が当たり、不思議な形の雲がどんどん湧き出てきます。山を越えた風が波のようにうねって「レンズ雲」が連なり、空が埋《う》め尽《つ》くされていました。澄《す》んだ青空の一角に鮮やかな彩雲《さいうん》もよく見られましたが、この地域ではこれがふつうの空なのでしょう。強い風は空の表情を一瞬で変えていくため、一時《いっとき》も空から目が離せません。わたしはカメラを持ってパタゴニアの空の下、雲を追いかけました。

日が沈むと、夕暮れのレンズ雲が残照を浴びて赤く燃えました。その上の高い空は深い海色が濃くなり、星々が銀の砂を撒《ま》いたように輝き始めました。
白夜《びゃくや》とまではいきませんが、パタゴニア地方は南極に近く緯度《いど》が高いため、夕暮れ時が長く続きます。そのため、昼から夜に変わりゆく絶妙な色彩を撮《と》るシャッターチャンスが長く続きます。

北の空に「冬の大三角」が輝き始め、わたしは「ああ、本当に地球の裏までやってきたんだ」と実感しました。惑星《わくせい》地球の上で、パタゴニア地方と日本は、ほぼ反対側の位置関係にあるので、ここでの星空は、日本で見るのと逆さまになります。日本で南に見えていた、オリオン座のベテルギウス、こいぬ座のプロキオン、そしておおいぬ座のシリウスを結んでできる「冬の大三角」は、逆さまになって北の空に輝いていました。オリオン座も逆立ちしています。

あんなに見事だったレンズ雲群がいつの間にか姿を消し、山にかかっていた最後の一つも見る間に消えてしまいました。あとには今にもこぼれ落ちてきそうな満天の星と相変わらず強く吹いている風だけが残っていました。

夏休みの雲

見事な形を見せていたかと思うとあっという間に消えてしまう雲を見ていると、雲を追いかけ始めた子どもの頃の思い出がわたしの胸をかすめます。

それは小学校の夏休みの出来事でした。わたしが選んだ自由研究のテーマは「夏の雲」でした。

夏休み中、毎日雲を観察し、父親に借りたカメラに入れた36枚撮りのフィルムに、その日いちばんの雲を焼き付けていきました。積乱雲や高層雲など、なんと十種雲形《じっしゅうんけい》のすべてを撮り収めることにも成功しました。

夏休みが終わりに近づく頃、わたしは成果を収めたそのフィルムを写真屋さんに持っていき、現像を依頼しました。今と違って当時は現像にも時間がかかり、街には必ず写真屋さんがあったものです。わたしはワクワクしながら仕上がりを待ちました。しかし仕上がり予定日に写真屋さんに行っても、まだ仕上がっていないということでした。

その翌日も、そのまた次の日も、わたしは引《ひ》き換《か》え票《ひょう》を持って写真屋さんに行きました。しかしいつまでも答えは同じでした。そして夏休みもあと数日という日に告げられました。写真屋さんか現像所が、わたしのフィルムを紛失《ふんしつ》してしまったというのです。

いただいた雲の本は今でも宝物だ

当時のショックは今思い出しても心が苦しくなります。

後日、落胆《らくたん》するわたしのもとに写真屋さんと現像所の方が、お二人で謝《あやま》りに来てくださいました。お詫《わ》びにと、彼らは数冊の雲の本をわたしにくれました。わたしはその本を読みながら自由研究を仕上げ、夏休みが終わってからもその本を読み続けました。

その本には、わたしが夏休み中の空を見上げても見つけられなかった不思議な雲の写真や、雲にまつわる話がたくさん載《の》っていて、わたしの心をどこまでも高い空まで連れていってくれるのでした。その雲に対する憧《あこが》れは、その後約40年間もわたしの心に燃え続けています。今でもわたしは外に出るたび空を仰《あお》いで珍しい雲がないか探したり、飛行機に乗るときはいつも窓際の席をとり、高い空から雲を追いかけています。星の写真を撮っていても、空に雲がないと物足りない気さえするのです。

今となっては、あの夏の36枚撮りフィルムいっぱいにどんな空が写っていたのか知る由《よし》もないけれど、空を夢中で追っていたこと自体が本当に楽しかったということは忘れていません。写真屋さんたちにもらった本は、今でもわたしのスタジオの本棚《ほんだな》に、その後に買ったたくさんの雲や気象の本とともに置いてあります。

あのとき失ったものよりも得たものの方が計り知れないほど大きかったような気がします。

大人になったある日、「あれからずっと空を追いかけて写真を撮ってます」なんて笑い話と、本をいただいたお礼をしようかと思って、写真屋さんを訪ねたことがありました。しかしそこにはもう写真屋さんは跡形もなくなっていて、すっかり新しくなった街並みがあるだけでした。

富士山への見果てぬ夢

～夢中で撮《と》った、１００昼夜、30万枚～

大いなる山、富士の魅力

わたしがこれまで最も多くの写真を撮《と》った場所は富士山周辺です。宇宙の星々に憧《あこが》れているのと同じように、宇宙の中の一つの惑星《わくせい》である地球、そしてその惑星地球の火山活動や気象現象など、大きな力に、わたしは幼い頃から憧れ続けています。日本最高峰の活火山、富士山はその様々な現象が集まる大きな憧れの一つなのです。大地の大きな力が生み出した富士山の山体を間近で眺《なが》めると、その圧倒的な姿に自然への畏敬《いけい》の念が絶えません。

わたしは天体と富士山が織りなす光景や、富士山独特の珍しい雲が出そうなとき、東京から車を走らせて撮影《さつえい》に出かけます。

２０１３年６月22日、富士山が世界文化遺産に登録されました。わたしはちょうどその日、パール富士（富士山頂と満月が重なって見える光景）を狙《ねら》い、富士山のふもとの富士ヶ嶺《ふじがね》を訪れていました。現場で機材をセッティングし終わったところで、世界遺産

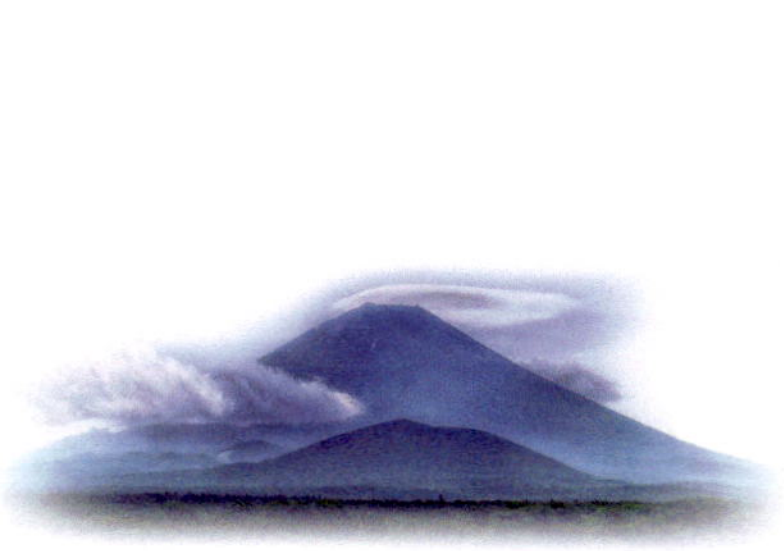

夕映えに染まる富士と満月
（田貫湖より撮影）

世界文化遺産登録の夜の撮影

登録決定を知らせる河口湖町《かわぐちこまち》の防災無線が山麓《さんろく》に鳴り響きました。思いがけずその富士山を目の前にしながらこの吉報を耳にしたわたしは、目頭《めがしら》が熱くなりました。

幾千年《いくせんねん》とそこにある当の富士山は、そんな吉報など、全く気にもしていないはずですが、思い入れのあるわたしには、富士山がその瞬間に、少し色が変わったようにさえ見えたのです。

富士山は独立峰で、風が吹くと独特の面白い雲が見られます。中でも、海からの湿った風が吹くときに現れやすいレンズ雲が魅力的です。山頂にできる帽子《ぼうし》のような雲「笠《かさ》雲《ぐも》」、富士山の風下にできる円盤《えんばん》のような「吊《つ》るし雲《ぐも》」、こういった形の整った雲が夕日や朝日に照らされると、目を奪われるような不思議な光景になります。この雲はわたしが富士山に通った経験上では、低気圧が近づいて温暖前線と寒冷前線の間に挟《はさ》まれたときに出やすいため、天気図を見てその状況になりそうであれば、狙って車で撮影に出かけます。都心から日帰りで行けるのも、大きな魅力です。

夜になれば、天の川が見えるほどの星空も楽しめます。富士山の周囲はその溶岩《ようがん》が流れた跡で地形が険《けわ》しい土地が多く、建物が少ないのです。そのため人工の光が少なく、夜空が暗く、星がたくさん見えるのです。

世界でたったひとつのわたしの仕事

「あなたの職業は?」と聞かれてわたしは即答できたことがありません。イラストレーター、画家、プラネタリウム映像作家、写真家……、どれなのだろう、といつも答えにつまってしまいます。

本当は、「子どもの頃から星空を追いかけています」と言いたいのですが、それは相手の求めている答えではなく、首をかしげられてしまいます。

わたしは子どもの頃から星空を見るのが好きで、絵を描くのが好きで、写真を撮るのが好き。音楽や旅行、コンピューターにも興味がありました。そしていつの間にか、それらを全部合体させた仕事を自分でつくってしまったのだと思います。

星空を追いかけているとき、写真を撮っているとき、絵を描いているときは、寝食を忘れるほど夢中になります。また、プラネタリウム映像の制作が本格化すると、何ヶ月もの間、昼夜スタジオにこもりきりになり、完成まで没頭《ぼっとう》して制作を続けます。

全力で仕事をしている自分の力を100パーセントとすると、何かに夢中で没頭しているとき、わたしは150パーセントの力が出ているのではないかと思うことがあります。それが利益の出る仕事なのか、単なる遊びなのかは関係ありません。夢中で没頭できるかどうかが鍵《かぎ》なのです。みなさんも心当たりがあるかもしれません。何かに夢中で没頭した後で「このパワーを仕事に活《い》かせたら……」と思ったことが。

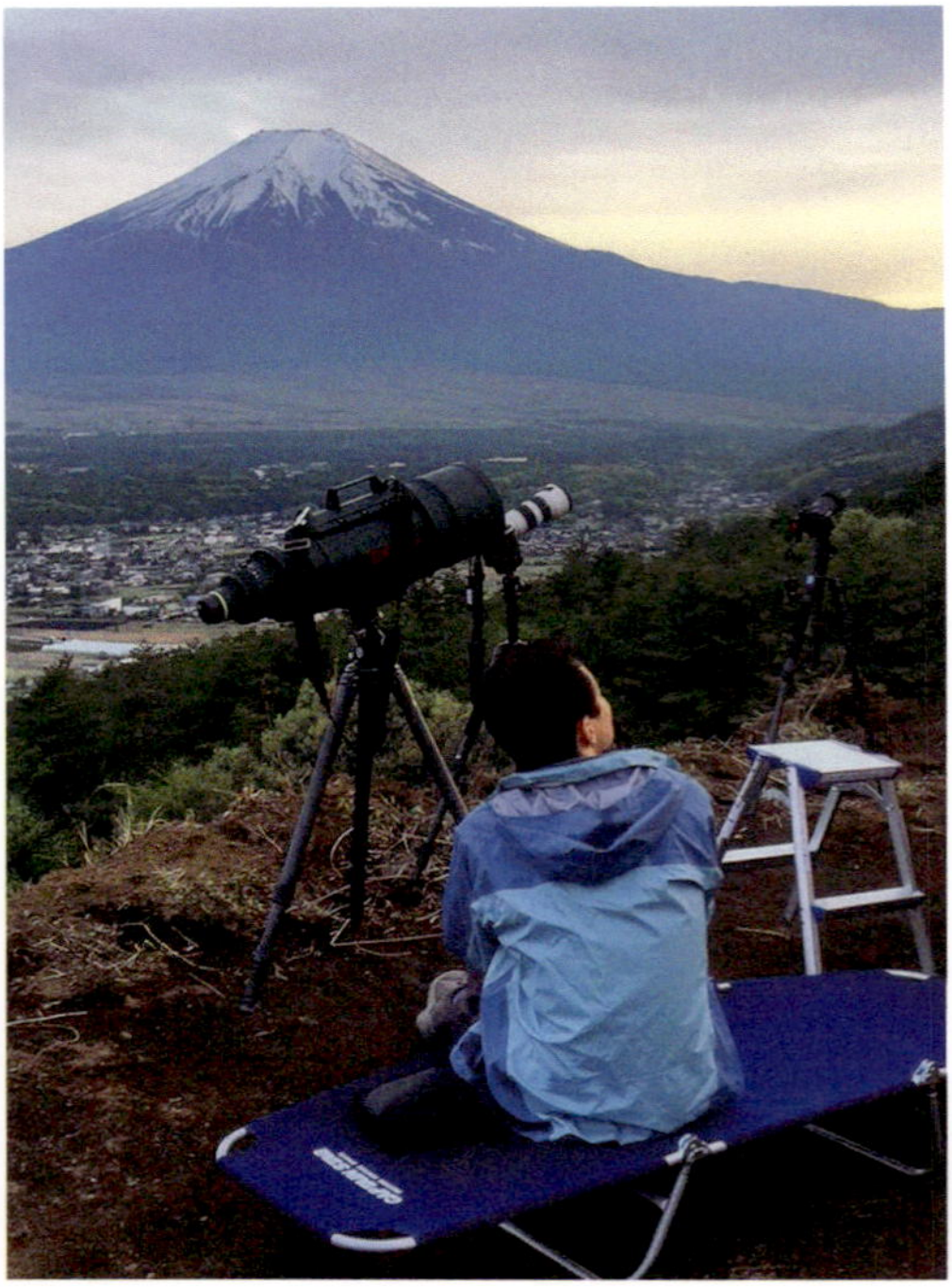

機材を準備してタイミングを待つ

富士山頂にて

コンピューターを使って
日時と場所を調べる

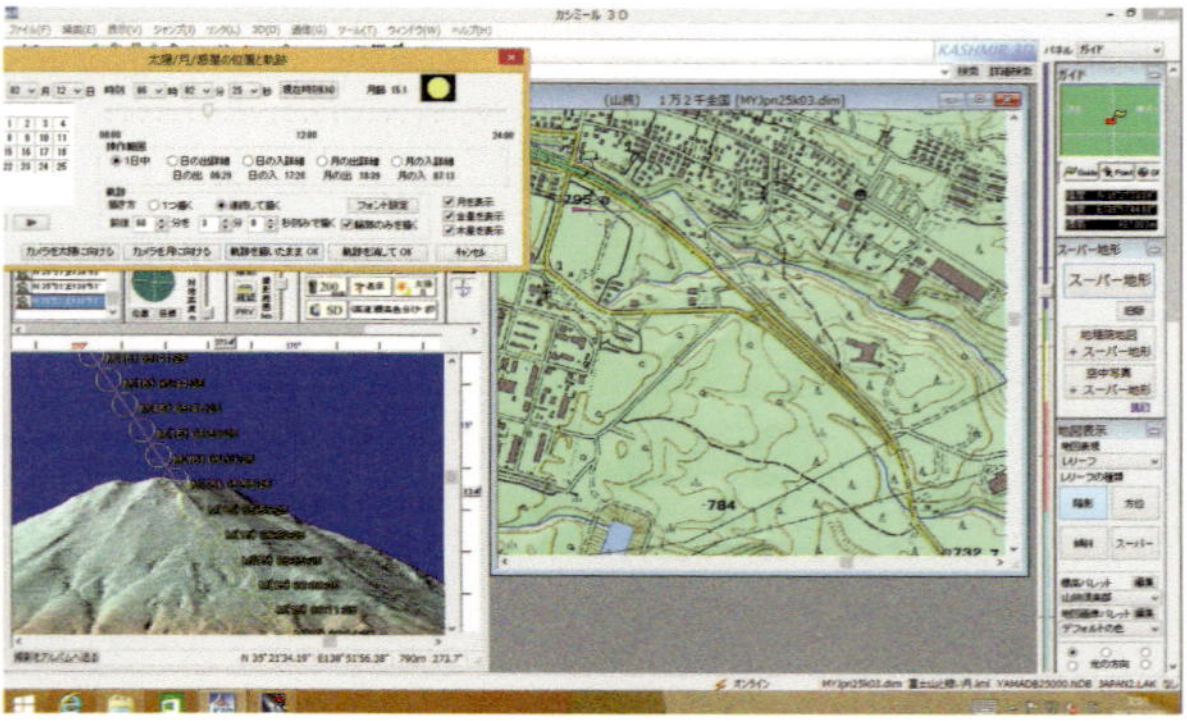

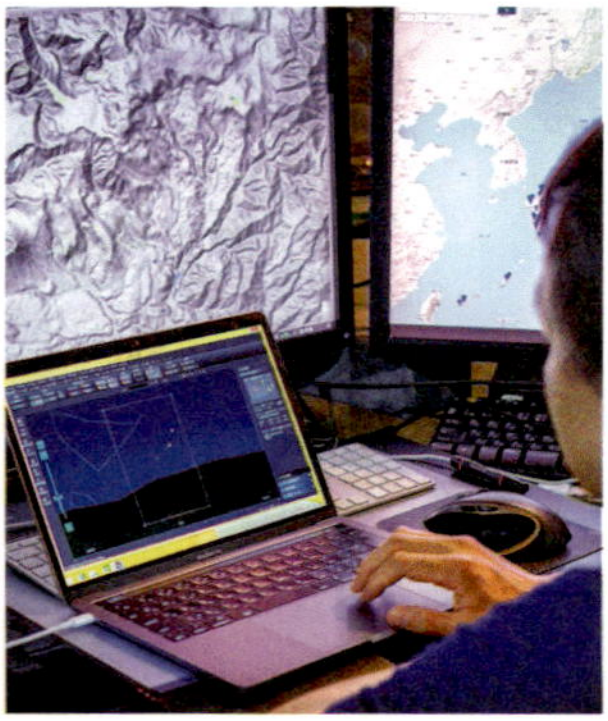

「カシミール3D」より

わたしにもそんな葛藤《かっとう》がありました。

まだ実写を使った仕事をしておらず、趣味であった写真を世に公開することもなかった頃のことです。

富士山周辺にできる吊るし雲が毎日気になり、インターネットで公開されている現在の富士山の様子を映したライブカメラの画像と天気図ばかり見るようになってしまったのです。また、天文シミュレーションソフトで、富士山と星空の素敵な構図をつくっては何月の何時頃こんな写真が撮れるのかぁ、とニヤニヤしている時間が増えていきました。

するとだんだん、ライブカメラの画像を見たりシミュレーションするだけではいられなくなり、実際に富士山まで撮影にいくことが多くなっていきました。自分の車を持っていなかったので、最初のうちは鉄道とレンタカーを使っていました。毎月何度も出かけるようになったので撮影のために小回りのきく車を手に入れました。いつでも撮影に向かえるように、撮影機材をひとまとめにしておき、お天気次第で夜急に富士山へ車を走らせることもよくありました。

わたしは何かを追い始めたらとことんやらなければ気がすまなくなってしまうのです。追えば追うほど、さらに夢中になってしまう。いつの間にか他のことは二の次になって、富士山の撮影に没頭することになってしまいました。

好きなことは続けたい。わたしは夢中になっている自分にブレーキをかけたことはありません。これを仕事にして思い切りやろう、と考えました。そうして生まれたのがプラネタリウム映像作品『富士の星暦《ほしごよみ》』でした。撮った写真は30万枚、3年間で100昼夜を超える撮影日数になりました。

このようにわたしの仕事はいつも、仕事ではないときに生まれ、なんとか仕事にしようと考えた末に成り立っているものばかりです。そんなわたしの作品づくりをあえて仕事と呼ぶなら、わたしが仕事をする上で気をつけていることは、「正気に戻る前に仕事を終わらせる」ということです。

100昼夜富士山に通い、車に寝泊まりしながら30万枚の富士山と空を撮る。そういう仕事があったとして、正気でできるのか。淡々と撮影していて満足のいく作品ができるのか。このように考えると、それはもうふつうではない突進状態のとき全力疾走《しっそう》でつくりあげるしかないと思うのです。仕事として一つの作品にするのであれば、その情熱が冷めてしまう前に作品を仕上げなければなりません。

やりたいと思うことを徹底的に、正気を失ってやったときに、ふつうの仕事では到達できないようなものをつくることができるのではないか。こう自分のことを分析した上でやっていることなのです。

好きなことを追い続けていたら、もうかけている時間もできたものもたくさんになってしまった。それをなんとか仕事にできないか、と考え続け、これからもそれは続くでしょう。だからわたしは10年後に自分が何をやっているかきちんと予測できません（ただ、幼少の頃から好きだった星空を追うことはやめていないでしょう)。

自分が夢中になれることや好きなことを組み合わせたら、世界でたったひとつの自分だけの仕事が生まれるのではないかと思っています。

おわりに

すべてが一瞬の宇宙

撮《と》り続《つづ》けるのは、花は散り、雲は流れて消えてしまうから。

今夜巡《めぐ》り遇《あ》ったあの星と月が次に遇《あ》うのはいつの夜でしょう。すべての天体は軌道《きどう》を描いて動いて二度と同じ配列に戻ることがありません。そう、永久の時を待っても。

わたしたちは空を見上げるだけで宇宙の姿を見ることができます。そこにあるのは、永遠に続くけれど二度と同じ繰《く》り返《かえ》しのない光景。

誰もがこの宇宙の中のひとかけらで、もしかしたらすぐそばで心奪われる光景が繰り広げられているかもしれません。今夜も世界のどこか知らない場所で、驚くほど素晴らしい場面が見えているはずです。

わたしはそんな心奪われる光景を一つでも多く集めたくて、地球探検の旅に出ます。自分から進んでいけばチャンスは何百倍にも増えるからです。進んでいくうちにいろいろな人に出会い、ともに進む人、応援して助けてくれる人に出会うこともあります。これらすべてに感謝しながら、行きたいところへ進んでいく。

これはわたしの生き方です。

わたしがみなさまにお勧《すす》めしたいのは、旅に出ることではなくて、日常のちょっとした時間に空を見上げ、宇宙を見渡すことです。

遠くに行かなくても大丈夫。宇宙はすぐそばにあります。

いつもと違った時間に庭先に出てみるだけでも、ほら、あんなに見事な月が雲や花を照らして光っています。

わたしは見つけた一瞬の宇宙を写真として切り取っています。撮影《さつえい》してみると、その場で見えたものよりも写真の方がよく写っていることがあります。これは写真の醍醐味《だいごみ》の一つです。

例えば、天の川は、どんなに空の綺麗《きれい》な場所で見ても肉眼で見ると白くぼんやりとした帯にしか見えません。これを写真に撮ると、銀河の構造の特徴を示す色までよく写るのです。星も肉眼で見るのとは比べものにならないほどたくさん写ります。性能の良いカメラで何秒も光を集めて写真を撮ると、肉眼を超えた宇宙の姿を撮影することができるのです。

そこに写ったものは嘘《うそ》や誇張ではなく、本物です。「肉眼で見たのとは違う」というだけです。

わたしは、現場に行って自ら体験することばかりがいいとは思っていません。今この一瞬の宇宙の、世界のどこかにそんな光景が実際にあるんだということを「知る」ことで、そこに想いを馳《は》せることができる。それでホッと小さな幸せを感じたら、これは本当に素晴らしいことなのだと思います。

こういう世界があるんだ、という知識を元に想像すると、実際に行くことができないミクロの世界や遠い宇宙の天体までも想いを巡らせることができます。これが本当に「世界が広がる」ということなのだと思います。

空をご覧ください。今、はるかな宇宙が見えています。

一瞬の宇宙で共存するみなさんと、その想いを共有できたらこんなにうれしいことはありません。

さあ、アンテナを広げ、大きな網《あみ》を持って、一緒に行きましょう。

光り輝く宝物のような「一瞬の宇宙」を探しに行きましょう。

KAGAYA（カガヤ）

1968年、埼玉県生まれ。豊富な天文知識と卓越したアートセンスで、宇宙と神話の世界を描くアーティスト。絵画制作をコンピューター上で行う「デジタルペインティング」の世界的先駆者。星景写真家としても人気を博し、天空と地球が織りなす作品は、ファンを魅了し続けている。写真集に『星月夜《ほしづきよ》への招待』『天空讃歌』『悠久の宙《そら》』がある。画集・画本に『スターリーテイルズ』『ステラ メモリーズ』『画集 銀河鉄道の夜』『聖なる星世紀の旅』がある。

「the Zodiac 12星座シリーズ」はジグソーパズルでのベストセラー。プラネタリウム番組「銀河鉄道の夜」は、国内をはじめ欧米・アジアで累計100館を超えるプラネタリウムで上映され、観客動員数100万人を突破した。天文普及とアーティストとしての功績をたたえられ、小惑星11949番はKagayayutaka（カガヤユタカ）と命名されている。